**최고의 날,
최고의 그리스도인**

최고의 날, 최고의 그리스도인

지은이 임은미
펴낸이 임상진
펴낸곳 (주)넥서스

초판 1쇄 발행 2010년 6월 30일
초판 20쇄 발행 2025년 2월 27일

출판신고 1992년 4월 3일 제311-2002-2호
주소 10880 경기도 파주시 지목로 5
전화 (02)330-5500 팩스 (02)330-5555

ISBN 978-89-6000-876-2 03230

저자와 출판사의 허락 없이 내용의 일부를
인용하거나 발췌하는 것을 금합니다.

가격은 뒤표지에 있습니다.
잘못 만들어진 책은 구입처에서 바꾸어 드립니다.

www.nexusbook.com

최고의 날, 최고의 그리스도인

임은미 지음

A to Z 알파벳으로 풀어보는 명쾌한 영성 이야기

넥서스CROSS

| 프롤로그 |

내 삶을 풍성하게 하시는 예수 그리스도

영어의 알파벳은 A부터 Z까지 26개가 있다. 이 알파벳으로 모든 단어가 구성된다. 그래서 문득, 그리스도인으로서 내 인생에 필요한 요소는 무엇일지 알파벳 A부터 Z까지 철자를 사용하여 짚어보면 재미있겠다는 생각을 했다. 그렇게 하여 나름대로 마음에 드는 '내 신앙의 A to Z' 리스트가 만들어졌다.

주님을 믿는 것은 참 재미있는 일이다. 예수님을 알기 전에는 세상의 재미가 최고인 것 같지만 예수님을 믿고 나면 '재미'의 개념과 종류가 바뀌는 것 같다.

예수님과 친하지 않을 때는, 편식하는 사람처럼 이것저것 가리는 것이 많았는데, 예수님과 친해지자 예수님이 좋아하시는 것은 나도 다 좋아하고 싶어졌다. 그러면서 예전에는 복잡하게 느껴졌던 삶이 얼마나 단순해졌는지 모른다.

예수님을 좋아하니까 성경책 넘어가는 소리가 세상의 어느 멋진 오

케스트라의 음악 못지않게 아름답게 느껴졌다. 주님이 함께하시는 모든 일이 재미있어졌다. '그리스도의 정예 군사'가 되겠다고 영성 훈련을 하는 것도 흥미로운 일이다. 작심삼일이 될 때도 많지만 주님 안에서는 그렇게 '넘어지는 것'까지도 재미있다. 다시 일어날 수 있기 때문이다. 의인은 일곱 번 넘어져도 여덟 번째 다시 일어난다고 하니, 넘어졌다가도 다시 일어나는 시간들로 인하여 내가 '의인의 반열'에 오를 수 있다면 즐거운 일이 아니겠는가!

   우리의 삶이 아직은 '완성'이 아닌 것을 감사한다. "내가 온전하니 너희도 온전하라" 말씀하신 주님은 오늘도 우리가 온전해지는 과정에서 함께하시는 임마누엘 하나님이시다. 우리는 아직 미성숙하여 그리스도의 장성한 분량까지 자라나지 못했다. 그런 우리가 온전해지는 과정을 '오래 참음'으로 함께해주시는 하나님은 실로 '사랑'이라고 하겠다. 그러한 하나님의 사랑을 배워 우리는 이웃에게뿐 아니라 자신에게

도 '오래 참음'의 미덕을 보일 필요가 있다. 하루아침에 어떻게 인내와 절제를 이루겠으며, 믿음의 경주에서 어떻게 승승장구만 하겠는가?

성숙의 과정에 있는 우리의 가슴에, 눈에는 보이지 않지만 '하나님은 공사 중!'이라고 쓴 팻말을 달고 있다고 상상해보자. 하나님은 우리의 삶이 성숙해질 수 있도록 오늘 이 시간에도 공사 중이시다. 그분은 절대로 부실공사를 하지 않으신다. 언제나 완전한 공사를 이루시는 분이다. 다시 말해, 하나님은 우리 모두의 삶에 '완전한 성숙'을 이루어주신다는 것이다. 그것을 기억하며 하루하루 성숙의 길을 걸어가야겠다.

신실하신 하늘의 대제사장 예수 그리스도께서 오늘도 우리를 말할 수 없는 간구함으로 도와주신다는 것을 안다면 우리는 날마다 다시 일어설 수 있다.

우리의 인생에 있어야 할 A부터 Z를 돌아보면서 주님 없이는 단 1초도 살 수 없음을 다시 한 번 고백하게 된다. "내 생의 참된 주인이신 예

수 그리스도시여, 당신을 만나서 저는 참으로 행복합니다. 이보다 더 행복할 수는 없습니다."

　여러분도 이 책을 통해 우리의 삶을 풍성하게 해주시는 '완전한 구주' 예수 그리스도의 사랑을 느낄 수 있기를 기도드린다. 그러면 하루하루 최고의 날을 사는 최고의 그리스도인이 될 것이다.

임은미

차례

프롤로그 ... 004

Aim 삶의 목표, 성공인가 성숙인가 ... 012

Born again 거듭남, 열매가 더 중요하다 ... 024

Commitment 위탁, 삶을 하나님께 맡기라 ... 038

Desire 소원, 어떻게 성취할 것인가 ... 046

Example life 본이 되는 삶, 예수님의 발자취를 좇으라 ... 056

임은미 선교사와 함께하는 신앙 상담 1 ... 066

Forgiveness 용서, 다른 사람도 이렇게 용서하라 ... 070

Goodness of God 하나님의 선하심, 범사에 이것을 인정하라 ... 084

Hope 소망, 천국까지 이어지는 것 ... 092

Identity 정체성, 건강한 자존감을 회복하라 100

Joy 기쁨, 나는 항상 기뻐할 수 있는가 106

임은미 선교사와 함께하는 신앙 상담 2 120

Knowledge 지식, 나는 하나님을 얼마나 아는가 124

Language 언어, 하나님이 기뻐하시는 말은? 138

Money 돈, 하나님 잘 섬기라고 주신 선물 148

No one but Jesus 오직 예수, 그분만으로 만족하는 삶 160

Obedience 순종, 하늘나라에 재물을 쌓는 일 168

임은미 선교사와 함께하는 신앙 상담 3 176

Prayer 기도, 모든 것을 주님께 맡기는 것 182

Quiet Time 큐티, 하나님의 음성을 듣는 시간 190

Race of faith 믿음의 경주, 죄에서 벗어나라 204

Self-control 자기 훈련, 영적 근육을 단련하라 212

Thankfulness 감사, 내 삶의 능력 218

임은미 선교사와 함께하는 신앙 상담 4 226

United in love 사랑 안에서 연합된 삶, 한 마음을 가지라 230

Victory in Jesus 승리, 주님 안에서 승리는 우리의 것 238

Witnessing 전도, 일단 말로 선포하라 246

X for Sexual immorality 순결한 삶, 유혹에 대처하는 법 258

Yes in Jesus 긍정적인 삶, 믿음을 굳게 세우라 272

Zest in life 삶의 향기, 그리스도의 향기를 전하자 284

임은미 선교사와 함께하는 신앙 상담 5   292

Aim [목표]

Finally, brothers, good-by. Aim for perfection_2 Corinthians 13:11a

삶의 목표, 성공인가 성숙인가

마지막으로 말하노니 형제들아 기뻐하라 온전하게 되며 _고후13:11

삶의 목표를 물어보았을 때 많은 사람이 공통으로 답하는 것 중 하나는 '성공'이다. 그러면 성공은 무엇인가? 우리는 돈을 많이 버는 것, 명예를 갖게 되는 것, 사람들이 부러워할 만한 것을 갖추는 것처럼 사람들에게 무엇인가 나를 내세울 만한 것이 있을 때 '성공'했다고 이야기하는 것 같다.

'성공'의 개념에 대해 저마다 생각이 다를 수 있고, 성공의 열매를 어떻게 사용할 것인지도 사람마다 다를 수 있다. 하지만 나는 인생의 목표를 '성공'보다는 '성숙'에 두어야 한다고 생각한다.

성숙에는 과정이 따른다

성경을 읽다가 가장 이해되지 않았던 부분이 "그러므로 하늘에 계신 너희 아버지의 온전하심과 같이 너희도 온전하라"(마 5:48)라는 말씀이었다. 그 말씀을 읽으면서 나는 이렇게 중얼거릴 수밖에 없었다. "하나님, 참으로 어렵습니다. 하나님이 온전하신 것은 이해가 갑니다. 하나님이시니까! 그러나 저는 인간인데 어찌 온전할 수 있는지요? 하나님과 저는 격이 다르죠. 하나님은 완전하셔야 하나님입니다. 그러나 저는 인간이기 때문에 완전할 수가 없습니다. 그런데 '내가 완전하니 너도 완전하라' 하고 명령하시다니요! 주님, 어렵습니다. 어려워요!"

그런데 어느 날 '온전'이라는 단어의 원어에 대해 배울 기회가 있었다. "온전하라!"는 말이 성경 원어로는 '성숙'을 뜻한다고 한다. 즉 '온전'이라는 말은 영어로 'perfect(완전하다)'라는 뜻이라기보다는 'maturity(성숙)'을 뜻하는 것이다.

성숙은 과정을 포함하는 것이 아니겠는가? 막 태어난 아기에게 부모가 "너 지금 당장 성숙해져라!" 하고 말한다면 그 부모는 성숙하지 않은 부모일 것이다. 그렇지 않은가? 아기는 철이 없는 것이 정상이다. 그뿐이 아니다. 태어난 지 얼마 되지 않은 아기가 스스로 똥, 오줌을 가리는가? 그렇지 않다. 여기저기 아무 곳에나 싸고, 자신의 배설

물을 뭉개기도 하면서 가는 곳마다 냄새를 풍기지 않는가?

이것을 교회생활에 적용해보자. '갓 태어난 아기 신자들'이 어떻게 예수 믿은 지 하루 만에 걷고, 뛰고, 교회 봉사를 하겠는가? 교회에 와서 울고불고 젖 달라고 투정도 하고, 자기가 똥을 쌌는지 오줌을 쌌는지 구별도 잘 못하는 것이 당연한 것이다. 즉, 자기가 남에게 상처를 주었거나, 자기로 인하여 교회에 악취가 풍겨서 사람들이 코를 막는다는 것을 모를 수밖에 없다. 자신의 행동이 다른 사람들에게 어떤 영향을 미치는지 신경 쓰지 않고 성숙하지 않은 모습을 보이는 것도 당연하다.

아기가 태어나자마자 성숙하지 않고 철이 없다고 아기를 버리는 부모가 있다면 그런 사람을 부모라고 할 수 있겠는가? 누구나 갓난아기였던 때가 있듯이, 신앙생활에서도 누구나 '태신자'의 과정을 거치게 마련이다. 그런 의미에서, 먼저 믿은 우리는 부모와 같은 마음으로 그들의 영적 성장과 성숙을 도와야 할 것이다.

그러면 아기는 아기인 채로, 태신자는 태신자인 채로 남아 있겠는가? 아니다. '성숙'은 '과정'을 필수로 한다. 이것은 곧 하나님께서 "온전하라!" 즉, 장성한 그리스도 예수의 분량까지 자라나라고 하신 그 말씀을 우리가 지켜 행할 수 있다는 이야기가 된다. 성숙은 그 누구라도 할 수 있는 것 아니겠는가? 생명이 있으면 자라남이 있는 법이니까!

우리를 향한 하나님의 목표

인생의 목표를 '성숙'으로 삼기만 한다면 우리 모두 이 목표를 달성할 수 있다. 그러나 인생의 목표를 '성공'에 둔다면? 당신도 가끔 이런 기도를 하지 않는가? "부자가 되어 어려운 사람들을 많이 도와주면 하나님이 영광을 받으실 것이라고 생각합니다. 그러니 제가 우리 교회에서 십일조를 제일 많이 하는 사람 되게 해주세요." 어떻게 들으면 멋있는 목표 같기도 하다. 교회에서 십일조를 제일 많이 내는 사람이 되고 싶다는 것은 부자가 되고 싶다는 것이다. 따라서 부자가 되어 남을 도와주어 하나님께 영광 올리는 것이 가장 큰 목표일 수도 있지만, 한편으로는 자신이 편하게 사는 것 역시 원한다는 뜻이다.

하나님은 꼭 내가 돈을 많이 벌어서 헌금도 많이 하고 가난한 사람을 많이 구제해야만 영광 받으시는가? 하나님이 영광을 어떻게 받으시는가 하는 것은 하나님 스스로가 선택하시는 일이 아닌가? 우리는 자신이 겪고 있는 상황이 모두 순적하고 형통해야만 하나님이 우리를 통하여 영광을 받으신다고 착각하고 있지는 않은가?

십일조를 많이 내서 하나님께 영광 돌리겠다고 기도했는데 사업이 잘 안되어서 부도 직전이라고 하자. 그럴 때 우리는 보통 이렇게 기도한다. "주님, 내가 말씀 드렸지요? 돈 많이 벌어서 영광 올리겠다고! 주위 사람들도 도와주겠다고! 그런데 왜 이렇게 돈이 안 벌리는 거죠? 이러면 하나님 영광 가리게 됩니다. 예수님 믿는 사람들은 하는 일마다 순적하게 잘 풀린다는 것을 주위 사람들에게 보여주어야 하는 것 아닙니까? 제 환경의 문제를 풀어주셔야 합니다. 그래야 주님께서도 영광 받으실 수 있습니다!" 우리가 자주 드리는 기도 중에는 이런 기도도 있다. "우리 아들딸 잘되어야 하고 좋은 학교에 다 붙어야 합니다. 기도하면 다 들어준다 하셨으니 주님, 그 약속 지키셔야 합니다." 이럴 때 "나사렛 예수의 이름으로 명하노니 사업의 문이 열릴지어다! 언제까지 무엇이 어떻게 될지어다!"라고 기도하며 담대하게 '믿음'을 선포하기도 한다.

이런 기도가 다 틀렸다고 말하는 것은 아니다. 다만 이런 기도가 응답되어야만 하나님이 영광을 받으신다고 말하는 것은 틀렸다는 것이다. 나를 위해 주님이 일해주셔야 한다는 생각은 하지 말아야 한다. 하나님은 창조주시요, 나는 피조물이다. 다시 말해, 우리에게는 언제 어떻게 해주셔야 하나님이 영광 받으실 수 있다고 말할 수 있는 자격이 없다는 것이다. 하나님은 "네가 나에게 영광 돌리는 방법은 부자가 되고 자식이 다 잘되는 것이란다" 하고 말씀하신 적이 없으시다. 하나님을 잘 섬길 때 복으로, 즉 보너스로 그런 것들을 '주실 수는' 있지만 그런 것 때문에 하나님을 섬기라고 하신 적은 없는 것이다.

우리 인생을 향한 하나님의 목표는 '성공'이 아니라 '성숙'이다. 그런데 우리가 삶의 성공만을 추구하고 있다면, 하나님은 참된 목표인

'성숙'을 위하여 그 '성공'을 앗아가실 수 있으실까?

　나는 충분히 그럴 수 있다고 생각한다. 그럴 때 우리 마음은 아플 수밖에 없을 것이다. 때로 주님은 우리의 사랑하는 자녀를 데리고 가실 수도 있고, 번창하던 사업을 망하게 하실 수도 있고, 건강한 몸이 병을 얻게 하실 수도 있다. 인간의 눈으로 볼 때 '실패'로 여겨질 만한 환경들을 허락하시는 것이다.

　그 이유는 무엇일까? 우리가 '성공'이라고 여기는 일들이라도 나로 하여금 장성한 분량의 예수 그리스도의 온전함까지 자라나게 하는 데 방해가 되고 있다면, 하나님은 그것들을 가차 없이 가져가실 수 있다. 그러다가 우리가 실패로 인하여 '성숙'을 배우게 된다면, 하나님은 우리가 잃었다고 생각했던 모든 것을 돌려주실 수 있는 분이다. 그 어느 것 하나 잃은 것 없이 모두 돌려주실 수 있는 분, 잃은 것보다 더 큰 것을 주실 수 있는 분, 그분이 바로 우리의 하나님인 것이다. 따라서 우리를 향한 하나님의 목표가 무엇인지 아는 것이 참 중요하다.

'우레의 아들'에서 '사랑의 사도'로

　'성숙'에 대해 생각하면 마음에 용기를 주는 성경 속 믿음의 선배 두 사람이 떠오른다. 사도 요한이 죽을 때 별명이 '사랑의 사도'였다.

그런데 젊었을 때 사도 요한의 별명은 '우레의 아들'이었다. 왜 그런 별명을 얻게 되었는지 아는가?

> 예수께서 승천하실 기약이 차가매 예루살렘을 향하여 올라가기로 굳게 결심하시고 사자들을 앞서 보내시매 그들이 가서 예수를 위하여 준비하려고 사마리아인의 한 마을에 들어갔더니 예수께서 예루살렘을 향하여 가시기 때문에 그들이 받아들이지 아니하는지라 제자 야고보와 요한이 이를 보고 이르되 주여 우리가 불을 명하여 하늘로부터 내려 저들을 멸하라 하기를 원하시나이까 예수께서 돌아보시며 꾸짖으시고 함께 다른 마을로 가시니라(눅 9:51~56).

이처럼 급한 성격 때문에 얻게 된 별명이 '우레의 아들'이었다. 젊었을 때 사도 요한의 성격은 불 같았다. 그런데 어떻게 그가 죽기 전에는 '사랑의 사도'로 불릴 수 있었을까? 바로 그의 가장 약한 부분이 가장 강한 부분으로 바뀌었기 때문이다. 당신에게 약점이 있는가? 혹시 요한처럼 불 같은 성격이 약점인가? 그렇다면 당신의 약점도 바뀔 수 있다. 그리고 이것을 바로 '성숙의 과정'을 딛고 일어선 사람들의 '삶의 열매'라고 말할 수 있을 것이다.

우리는 변할 수 있다. 성숙이 하루아침에 오는 것은 아니지만 과정을 통과하면서 우리 모두 '성숙의 열매'를 맺을 수 있다는 것이다. 절대로 자신에게 실망할 필요가 없다. 하나님이 사도 요한의 성숙을 우리에게 보여주시는 이유가 있지 않겠는가? 우리도 다 변화할 수 있다는 말씀이 아니겠는가?

외경에 의하면 사도 요한은 입을 벌려 설교할 때마다 "사랑하라, 사랑하라!" 하고 말했다고 한다. 사람들은 그 반복되는 설교가 점점 지겨워졌다. 사도 요한이 나이가 많이 들어 더 이상 혼자 힘으로 설교하러 나가지 못하게 되자 동네 청년들이 사도 요한을 들것에 싣고 광장에 나가 설교를 하게 했다. 하루는 청년들이 사도 요한을 모시고 나가면서 "사도님, 사랑하라는 말이 참 좋지만 오늘은 좀 신선한 말씀을 주시면 좋겠습니다. 새로운 메시지를 듣고 싶습니다." 그러나 사도 요한은 아무런 답도 하지 않았다. 청년들은 '오늘은 다른 말씀을 해주시겠지? 졸지는 않겠다. 늘 똑같이 반복하시는 "사랑하라!"는 말씀을 오늘은 안 하시겠지!'라고 생각했다.

그런데 이게 웬일? 광장에서 말씀을 시작한 사도 요한은 그날 역시 "여러분, 내가 다시 말하노니 서로 사랑하라!" 하고 말했다. 이렇게 해서 그의 별명이 '사랑의 사도'가 되었다고 한다. 그는 성숙해진 것이다. 인생의 목표를 '성숙'에 둔 사람이었던 것이다.

환경을 사용하시는 하나님

하나님이 우리 인생에게 원하는 목표가 바로 이 변해가는 과정, 성숙해가는 과정이 아니겠는가? 우리는 살면서 자꾸 환경에 집중하게 될 때가 많다. 그래서 "이것은 이래서 안 되고 저것은 저래서 안 되고…"하며 불평한다. 하지만 하나님은 그러한 모든 환경을 도구로 사용하신다.

때로는 자녀가 속을 썩히기도 한다. 배우자를 잘못 만난 것 같기도 하다. '내가 왜 이런 사람을 만났을까?' 하고 후회한다. 그러나 그러한 배우자를 만나지 않았다면 평생 인내라는 것을 배울 수 있었을까? 그런 사람을 만났기 때문에 기도하고 울고 부르짖으면서 하나님을 닮아가는 인내를 배웠을 수 있다.

부모도 마찬가지다. '왜 이런 부모에게서 태어나게 하셨을까?' 하고 원망하는 사람도 있을 것이다. 하지만 하나님은 다 알고 계시지 않으셨을까? 그 사람에게는 그 부모가 제일 좋은 부모라는 것을. 당신의 자녀가 '웬수' 같고 애물단지 같은가? 아니다. 복덩어리인 것이다. 하나님이 그런 자녀를 주지 않으셨으면 부모가 기도하지 않았을 것이다. 주님 앞에 겸손하게 나아가지 못했을 것이다. 모든 것이 잘되는데 무엇으로 겸손함을 배우겠는가?

예수 잘 믿는 장로님과 권사님의 자녀가 삐뚤게 크고 있으면 사람들은 이렇게 말할 것이다. "이상하다. 헌금도 잘하고 봉사도 잘하는데 자식은 왜 저래? 집에서 본보기가 안 되나 봐!" 그러면 그 장로님과 권사님은 "주여, 내가 잘못하고 있는 것이 무엇입니까? 정말 성경도 잘 읽고 기도도 많이 하는데 내 자식이 왜 저 모양입니까?" 하고 기도하지 않겠는가? 그 자녀 때문에 더욱 겸손해질 수밖에 없지 않겠는가?

하나님께서는 우리가 성숙해지기를 원하신다. 성숙은 바로 하나님의 마음을 헤아리는 것이고, 하나님의 성품을 배워가는 것이다. 주님이 원하시는 '성숙', 곧 우리 삶을 향하신 하나님의 목표를 향해 나아가는 사람이 되기를 바란다.

우리도 성숙해질 수 있다

혹시 '나도 과연 성숙해질 수 있을까?' 하고 고민하는가? 사도 베드로를 보면 마음이 따스해지고 희망을 얻을 수 있을 것이다. 베드로는 예수님이 십자가에 달리실 때, 예수님을 욕하며 닭 울기 전 세 번이나 부인했다. 그 이유는 무엇이었는가? 예수님과 함께해야 할 고통이 싫었기 때문이다. 그는 비겁했다.

그런데 그런 베드로가 죽기 전에 〈베드로전후서〉를 기록했다. 이

책의 주제는 "예수의 고난에 동참하자!"이다. 고난을 그토록 두려워했던 사람이 고난에 동참하자는 말을 강조했던 것이다. 그리고 베드로는 십자가에서 순교했는데 "나는 예수님과 똑같이 죽을 자격이 없다. 나를 거꾸로 달아라"라고 해서 십자가에 거꾸로 달려 죽었다고 한다.

이런 변화를 바로 '성숙'이라고 말하는 것 아니겠는가? 그는 변화한 것이다. 고통이 싫어 거부하면서 도망간 베드로가 고통을 좇아가면서 외친 고백, "그리스도의 고난에 동참하자!"라는 말은 곧 그의 가장 약한 부분이 가장 강한 점으로 변화했다는 것을 보여준다. 베드로의 사례는 하나님께서 얼마만큼 우리의 성숙을 원하시는지를, 또한 우리 모두에게 이러한 '성숙'이 가능함을 알려준다.

당신은 어떤 부분이 가장 약한가? 질투, 시기, 자기 비하, 아니면 음란한 마음 때문에 괴로운가? 자신의 약한 점 때문에 실망하고만 있을 필요는 없다. 당신을 향하신 하나님의 목표가 '성숙'임을 깨닫는다면 하나님은 당신을 그 목표대로 인도하실 것이다.

Born again [거듭남]

In reply Jesus declared, "I tell you the truth, no one can see the kingdom of God unless he is born again"_John 3:3

거듭남, 열매가 더 중요하다

예수께서 대답하여 이르시되 진실로 진실로 네게 이르노니 사람이 거듭나지 아니하면 하나님의 나라를 볼 수 없느니라 _요 3:3

당신은 거듭남에 대한 경험이 있는가? 거듭남의 열매는 있는가? 성경에는 다음과 같은 비유가 나온다. 주인이 먼 곳으로 여행을 가면서 한 종에게 다섯 달란트를 주고 또 한 종에게는 두 달란트를, 또 한 종에게는 한 달란트를 준다. 다섯 달란트 받은 종은 열 달란트를 남겼다. 그리고 나중에 주인에게 잘하였다고, 착하고 충성된 종이라고 칭찬받았다. 두 달란트 받은 종 역시 네 달란트를 남겼다. 그도 착하고 충성된 종이라고 칭찬받았다. 그런데 한 달란트 받은 종은 주인에게 받은 그대로 한 달란트만 갖고 왔다. 그러고는 다음과 같이 말한다. "주인이여 당신은 굳은 사람이라 심지 않은 데서 거두고 헤치지 않은 데서 모으는 줄을 내가 알았으므로 두려워하여 나가서 당신의 달란트를 땅에 감추어 두었었나이다 보소서 당신의 것을 가지셨나이다"(마 25:24~25).

나는 이 구절을 읽을 때 잘 이해가 가지 않은 말이 있었다. '심지 않은 데서 거두고 헤치지 않은 데서 모은다'는 말이 무슨 뜻일까? 나는 재미교포라서 성경을 읽을 때 보통 한영성경을 읽는다. 한글로 읽다가 뜻이 잘 이해되지 않으면 영어로 읽는다. 그래도 뜻이 확실하게 마음에 와 닿지 않으면 영어성경 번역판을 〈Living Bible〉(한국의 〈쉬운성경〉처럼 번역되어 있다)로 읽는다.

위 구절이 Living Bible에는 이렇게 번역되어 있었다.

> Sir, I knew you were a hard man, and I was afraid you would rob me of what I earned, so I hid your money in the earth and here it is.

이 말을 다시 한국말로 번역해본다면 이런 말이 된다. "주인이시여, 당신은 굳은 사람이라 내가 이익 본 돈을 당신이 취해가서 나의 수고가 당신의 이익이 되는 것이 두려워 그 돈을 숨겨버렸습니다."

한마디로 나에게 돈을 준 주인이 이익을 얻는 것이 싫었다는 이야기이다. 남이 나로 인하여 이익 얻는 것이 싫다는 것은 곧 그가 '이기적인 사람'이라는 이야기가 된다.

거듭남, 열매가 더 중요하다

이 달란트 비유를 읽으면서, 내가 달란트를 얼마나 많이 받았나를 알아보려면 재능이 많은가를 보는 것이 아니라는 생각을 하게 된다. 이것은 재능의 문제가 아니라 본질적으로는 태도의 문제인 것이다. 한 달란트 받은 사람은 다른 두 사람에 비해 말이 많다. 그리고 주인을 잘 모르고 굳은 사람이라고 표현했다. 또한 이기적인 사람이었다.

교회에서 말 많은 사람이 있는가? 좋은 말, 권면의 말, 용기 주는 말이 아니라 불평불만의 말이 많은 사람이 있는가? 그런 사람이 교회 일을 안 한다는 것은 아니다. 헌금도 많이 내고 교회 봉사도 많이 하고 부흥회 등 집회가 있으면 앞장서서 전도도 하고 연락을 담당하기도 한다. 교회 행사 후에는 오래 남아서 뒷정리도 하고 부엌에서 설거지를 하는 등 궂은 일도 도맡아 한다.

그런데 문제는 일하면서 말이 많다는 것이다. "왜 나만 해야 돼? 다른 사람들은 부엌일은 하지도 않는데…. 왜 나만 매번 헌금을 많이 해야 하지? 왜 나만 사람들한테 전화 걸어서 집회 참석하라고 해야 해?"라고 구시렁거린다. 일은 하는데 말이 많고 불평불만이 가득한 사람들은, 아무리 일을 잘하고 많이 한다고 해도 모두 한 달란트 받은 사람과 같다.

재능의 숫자가 아니라 태도의 질이 중요한 것이다. 작은 일을 하더라도 기쁨과 감사로 하는 사람은 다섯 달란트를 받은 사람이다. 우리 인간들끼리는 수량을 보면서 비교하지만 하나님은 일하는 사람들의 마음의 중심과 태도의 질을 보신다. '한 달란트 받았으면 어때? 땅에 숨겼으면 어때? 나중에 천국만 가면 되지, 상은 무슨 상이야?' 이렇게 생각하는 사람이 있는가? 한 달란트 받은 사람의 말로를 봐야 한다.

> 그 주인이 대답하여 이르되 악하고 게으른 종아 나는 심지 않은 데서 거두고 헤치지 않은 데서 모으는 줄로 네가 알았느냐 그러면 네가 마땅히 내 돈을 취리하는 자들에게나 맡겼다가 내가 돌아와서 내 원금과 이자를 받게 하였을 것이니라(마 25:26~27).

그리고 그에게서 그 한 달란트를 빼앗아 열 달란트 가진 자에게 주라고 하면서 다음과 같이 말한다.

> 무릇 있는 자는 받아 풍족하게 되고 없는 자는 그 있는 것까지 빼앗기리라 이 무익한 종을 바깥 어두운 데로 내쫓으라 거기서 슬피 울며 이를 갈리라(마 25:29~30).

바깥 어두운 데로 쫓아내라고 했는데, 바깥은 천국인가? 천국에는 어둠이 없고, 눈물도 없다. 그러면 지금 이 사람은 어디를 간다는 이야기인가? 지옥을 간다는 이야기이다. 이것은 무서운 이야기다.

구원의 열매

우리는 예수님만 믿고 고백하면 천국에 간다고 익히 들어 알고 있다. 맞다. 예수님 믿으면 천국 간다. 그런데 구원의 증거가 무엇일까? 구원을 받았다면 그 열매는 무엇일까? 예수를 믿는다는 고백이 어떻게 증명되는가?

예수를 믿는다고 고백한 사람들에게는 남을 도와주고자 하는 마음이 생겨난다. 착한 행실로써 구원받는 것은 아니지만 구원을 받고 난 다음에는 구원의 증거로 '착하게 살아야지' 하는 마음이 생기는 것이 당연하다. 이 마음이 안 생기는 사람은 구원이 없는 사람이다. 내가 예수님을 믿는다는 것을 어떻게 아는가? 예수님처럼 살고 싶은 마음이 생긴다는 것이다. 얼마만큼 닮는 것을 떠나서 일단 닮고 싶은 마음이 생겨난다. 그것이 곧 구원의 열매가 아니겠는가?

열매는 무엇인가? 따 먹는 것이다. 열매는 나를 위해 있는 것이 아니라 남을 위해 있는 것이다. 그렇지 않은가? 열매가 그냥 보기 좋으라고 존재하는가? 아니다. 열매는 따서 먹고 배부르든지, 아니면 맛이라도 있어야 한다. 즉, 우리의 삶에서 구원의 열매는 누구를 만나든지 도움을 주는 삶을 살고 싶다는 마음이 생겨나는 것이다. 그 누군가를 섬기고 싶어진다는 것이다. 섬기고 싶어 하는 마음이 전혀 없으면서 구원받았다는 생각을 하는 것은 자기기만이라고 생각한다. 하나님을 알지 못하는 것이다. 한 달란트 가진 종이 그 주인을 알지 못한 것처럼 말이다.

이런 예를 든다면 좀 지나친 예가 될까? 사람들이 보통 작은 교회에는 가고 싶어 하지 않는다고 한다. 이유인즉슨 그런 교회에 가면 봉사를 많이 해야 한다는 것이다. 반면 주일에 우아하게 예쁘고 멋있는 옷 입고 예배드리는 것은 좋아한다. 전자 오르간의 웅장함과 멋있는 실내장식, 편안한 의자, 찬양대의 멋진 음악, 은혜 충만한 찬양 인도…. 별 봉사 하지 않아도 봉사하라고 보채지 않는 큰 교회를 요즘 교인들이 선호한다는 것이다. 봉사하지 않고 다른 사람을 섬기지 않으며 나만 은혜받고 올 수 있는 교회, 설교도 신선하고 좋은 교회, 그래서 예배 시간에 졸리지 않는 교회를 선호한다고 한다.

교회 가서 '무엇인가 배웠다!' 하는 생각도 들고 때때로 마음에서 감동이 일어나기도 하고, 예배 시간이 너무 길지 않으면 더더욱 좋고! 그런 것을 원하는 사람들은 이렇게 말한다. "주일 성수는 했으니 얼른 집에 가서 내 할 일 해야지!" 주일 오후에 골프 치러 갈 수도 있고 빨래나 청소를 할 수도 있고, 평일에 못 끝낸 일을 할 수도 있다. 주일에는 이렇듯 주중에 미뤄놓은 일들을 하기에 바쁘다.

이러한 믿음을 바로 '자기만을 위한 믿음'이라 말할 수 있겠다. 봉사도 싫고 교회에서 욕먹는 것도 싫다. 그러나 내 마음 편하기 위해 일단 '주일 성수'는 해야겠고! 이런 이기적인 믿음이 과연 구원받은 사람의 열매이겠는가?

　욕먹지 않기 위해 교회에서 일 안 한다는 사람들이 있다. 맞는 말이다. 일하지 않는 사람은 욕도 안 먹는다. 교회 와서 주일예배만 얼른 드리고 싹 집에 가는데 일을 잘못 처리했다느니, 능력이 없다느니 하며 욕 들을 일이 뭐가 있겠는가? 하지만 일한 후에 누가 욕하면 오히려 감사할 일이라고 생각하는 것이 건강한 것 아닐까? 인간적인 실수를 하여 욕을 들을 수는 있지만 어쨌든 하나님을 위해 일한 것은 분명한 사실이니 말이다.

　'섬김'에 대한 아무런 관심 없이 교회를 다닌다면 그 사람은 한 달란트 받은 사람과 같다. 즉, 천국에 가지 못한다는 이야기가 된다. 내 이야기가 지나치게 들리는가? 나는 성경 이야기를 하고 있는 것뿐이다. 주인이 맡긴 돈을 땅에 묻어두기만 했던 한 달란트 받은 사람이 어떻게 되었는가? 어두운 데 가서 울며 슬퍼한다고 성경에 쓰여 있지 않은가? 말씀을 읽으면서 '아, 이런 사람은 지옥 가는구나'라고 깨달은 것을 글로 적고 있는 것뿐이다.

구원에 대한 감사

　하나님은 우리에게 남을 섬기라고 '새 생명'을 주셨다. 혼자만 잘 먹고 잘살라고 구원하신 것이 아니다. 그래서 거듭난 사람은 '아, 죄인 된 나를 구해주셨으니 나도 예수님처럼 남을 섬기는 삶을 살아야겠구나' 하는 마음을 가지게 된다.

2008년에 이스라엘에 다녀올 기회가 있었다. 평소 이스라엘에 가면 꼭 확인하고 싶었던 것이 있었다. 빌라도의 법정과 바라바가 있었던 감옥의 거리였다.

성경을 보면 빌라도가 법정에서 이렇게 말한다. "너희는 내가 누구를 너희에게 놓아주기를 원하느냐 바라바냐 그리스도라 하는 예수냐"(마 27:17).

모든 사람이 이구동성으로 "바라바요!" 하고 소리친다. 빌라도가 "그러면 내가 예수를 어떻게 하랴?"라고 물어본다. 군중은 큰 소리로 대답한다. "십자가에 못 박으시오!"

바라바는 그 당시 유명한 죄수였고, 감옥에 갇혀 있었다. 감옥에 있는 바라바는 빌라도가 하는 말을 들을 수 있었을까? 빌라도 한 사람이 말하는 작은 소리를 들을 만큼 법정과 감옥이 가까운 거리에 있었나 하는 것이 궁금했던 것이다. 이스라엘 성지 순례를 도와주던 안내자에게 빌라도의 법정과 바라바가 있었을 법한 감옥의 위치를 물어봤다.

안내자의 말을 그대로 믿는다면 바라바가 있었던 감옥은 빌라도의 말을 알아들을 수 없는 거리였다. 그렇다면 감옥에 있는 바라바의 심정은 어떠했을까? 자기가 지은 죄에 대하여 그 벌이 무기징역이냐 사형이냐 아니면 풀려날 것이냐 애가 타도록 궁금했을 것이다.

그런데 어느 날 무슨 소리가 들려오는 것이다. "바라바요, 바라바요!" 이 부분에서 상상을 좀 해보도록 하자. "바라바? 어, 내 이름 아냐? 왜 내 이름을 부르지?" 그다음 들려온 고함소리는 무엇이었는가? "십자가에 못 박으시오! 십자가에 못 박으시오!" 그는 '드디어 판결 났구나. 나는 죽는구나!' 하고 생각했을 것이다. 그러니 오죽 떨렸겠는가! 얼마 있지 않아 바라바가 있는 감옥으로 걸어오는 로마 병정의 발자국 소리가 들렸을 것이다. 바라바는 '으악! 나는 이제 죽는구나!' 생각하지 않았을까? 그야말로 오금이 저리지 않았겠는가?

그런데 드디어 들려오던 발자국 소리가 감옥문 앞에서 멈추고 문이 열리면서 로마 병정이 하는 말! "바라바, 집에 가라!" "뭐라고요?" "너 대신에 예수가 죽게 되었으니 너는 이제 자유의 몸이다! 집에 가도 된다!"

이때 바라바의 심정이 어떠했을까? '이것이 꿈인가, 생시인가! 내가 풀려나다니! 나더러 집에 가라니!' 하며 감격하지 않았을까? 이 바라바가 바로 나와 당신이 아니겠는가? 죄인이었던 우리의 신분이 우리 대신 십자가에서 돌아가신 예수님으로 인해 자유의 몸이 된 것이다! 그래서 우리는 구원에 대한 감격이 없으면 안 된다.

주일에 교회 갈 때는 지난 한 주 동안 하나님이 나를 잘 도와주신 일이 있어서 그것이 감사하여 기쁜 마음으로 예배를 드리는 것이 아니다. 예배를 드리는 감격은 내 삶의 순적함과 형통함 때문이 아닌 것이다. 예배의 감격은 '받은 구원'에 대한 감사에 뿌리를 둔다고 생각한다. '죽을 수밖에 없는 나를 살리신 하나님이 참으로 고마워서 어찌 이 은혜를 감당할꼬. 감사! 감사! 왕 감사!' 하는 마음으로 예배를 드리는 것이다.

    이 구원에 대한 감격은 내 환경과는 상관이 없다. 사람들은 교회에 가서 기뻐지려고 노력한다. 감격하고 싶어 한다. 그런데 자신의 환경을 보아하니 감격할 만한 일이 없다. 그렇다고 감사와 감격 없는 예배를 드릴 것인가? 하나밖에 없는 아들 예수를 죽이기까지 나를 살려주신 하나님께, 우리는 매주 예배를 드릴 때마다 마음에서 우러나오는 감사를 드려야 한다. 하나님은 우리의 환경에 따라 예배를 받으시는 분이 아니다. 우리도 바라바와 같다는 마음을 가지고 예수님 대신 살아드려야 한다는 태도를 가져야 하지 않을까?

섬기는 삶

    그러면 예수님 대신 살아드리는 태도는 무엇을 의미하는 것일까? 예수님처럼 산다는 것, 곧 '섬김의 삶'이 아니겠는가?

> 인자가 온 것은 섬김을 받으려 함이 아니라 도리어 섬기려 하고 자기 목숨을 많은 사람의 대속물로 주려 함이니라(막 10:45).

돈은 왜 버는가? 남 주려고 벌어야 한다. 나 혼자 잘 먹고 잘 입고 잘살려고 벌면 안 된다. 그런 사람은 지옥 간다! 이 말을 듣기가 거북하겠지만 나만 위하여 살고자 하는 사람에게는 '중생의 열매'가 없는 것이기 때문에 지옥 간다는 표현을 쓰는 것이 정확하다고 하겠다. 돈 벌어서 무엇을 해야 하는가? 다른 사람들을 도와줘야 한다. 하나님께서 우리더러 목숨을 달라고 하셨는가? 그저 우리가 가진 것을 나누어 쓰라는 것이다. 죽을 목숨을 거저 받았는데 돈 벌어서 조금 나누는 것이 뭐가 힘들겠는가.

공부도 열심히 해야 한다. 남 주기 위해 하는 것이니까 더욱더 열심히 해야 한다. 우리가 누군가에게 무엇을 주고자 할 때는 좋은 것을 주려고 하지 나쁜 것을 주려고 하지 않는다(정상적인 사람이라면 말이다). 내가 먹을 때는 아무 그릇에 담아 먹기도 하지만 손님이 왔을 때는 아무 그릇에 주지 않는다. 가능한 한 예쁜 그릇에 잘 담아서 주고자 한다. 내가 쓰는 것은 아무것이나 쓴다 해도 누군가에게 줄 것이면 정성스럽게 포장도 하고 좋은 것으로 준비하는 것이다.

달란트 비유를 다시 생각해보자. 남을 위해서 살기 싫다는 생각이 든다면 '나에게 구원이 없는 거구나'라고 생각해봄이 어떨는지….

교회를 가야 구원받는다는 말은 성경에 없다. 거듭나야 한다고 성경은 말한다. 그리고 그 거듭남의 증거는 남을 위하여 살고 싶은 마음이 생긴다는 것이다. 하나님을 인격적으로 만났다면 우리의 삶은 이기적일 수가 없다. 자신이 이기적인 사람이라고 느껴지는 순간에는 회개의 마음이 생겨야 한다. 다른 사람을 섬기면서 불평불만을 터트리면 안 된다.

불평불만의 말을 하는 사람은 지옥 간다는 이야기가 아니다. 그러나 불평불만의 마음이 생길 때마다 그 열매의 '심각성'을 생각해야 한다. 입 벌려서 불평불만의 소리를 낼 때마다 '나는 지금 지옥 갈 만한 죄를 짓고 있는 것과 마찬가지다'라는 생각을 한다면 다른 사람을 섬길 때도 훨씬 더 기뻐하고 감사하는 마음으로 섬기게 되지 않을까?

나는 한국에서 약 3개월간 '단기 목회'를 해본 경험이 있다. 전 성도에게 '작정서'(매일 10가지씩 전 교인이 작정하고 지킬 사항) 리스트를 주고 그중 하나로 '비판하지 말기'를 넣었는데 어느 날 한 성도에게서 이메일이 왔다.

"목사님! 저는요, 제가 이렇게 남을 비판하면서 사는 줄 몰랐어요. 작정서에 있는 '비판 안 하기'를 지키려고 노력해보았더니 일하면서 할 말이 없어졌어요. 할 말이!"

그 메일을 보면서 빙그레 웃음이 지어졌다. 불평하지 않고 비판하지 않으면서 살면 쓸데없는 말도 많이 줄어든다. 불평할 때마다 자기 자신을 성찰하게 된다면 우리는 돌이켜 감사하는 말을 하게 되지 않을까? 돌이킨다는 것은 가던 길을 돌아서 간다는 것을 말한다. 불평하던 길에서 돌이켜 감사한다면 얼마나 멋진 일인가! 우리는 불평하지 말고 이타적인 삶을 계속적으로 추구하면서 남을 진정으로 섬기는, 거듭남의 열매를 맺는 사람이 되어야 할 것이다.

Commitment [위탁]

Commit your way to the LORD; trust in him and he will do this_Psalms 37:5

위탁, 삶을 하나님께 맡기라

네 길을 여호와께 맡기라 그를 의지하면 그가 이루시고 _ 시 37:5

인생의 모든 것을 온전히 위탁할 이를 만났는가? '위탁의 열매'는 무엇으로 알 수 있을까?

나는 아프리카 케냐의 선교사가 된 지 올해로 16년이 되었다. 내가 살고 있는 곳에는 속이는 사람들이 꽤 있는 편이다. 차를 고칠 때 분명히 한 부분이 고장 나서 갔는데 고치고 나서 일주일 안에 또 고치러 가야 할 일이 생긴다. 또 오게 하려고 정비사가 부속품 하나를 일부러 빼놓는 경우가 있다는 것이다. 이러니 누구를 믿겠는가? 어느 정비소를 가야 할지를 정하는 것도 기도제목인 것이다.

"아버지, 제발 좋은 사람 만나게 해주세요!" 아프리카에 살면서 속이지 않는 사람을 만나기 위해 기도하는 동안 나는 하나님을 믿는다는 것이 얼마나 큰 복인가 하는 것을 깨닫게 되었다. 왜냐하면 내가 하나님을 '믿을 만한 분'으로 알고 있다는 것 자체만으로도 너무나 감사한 것이다. 하나님은 속이지 않으신다. 따라서 내 마음이 불안하지 않다. 하나님이 기도를 들어주시지 않아서 하나님이 야속하다고, 기도하고 싶지 않다고 말하는 사람도 있는데, 나는 기도할 수 있는 대상이 있는 것만도 참으로 감사하다.

가슴 아프고 속상한 일이 있을 때 마음을 나눌 수 있는 사람이 있는가? 누구한테 속내를 이야기하고 싶은데 이야기해본들 말이 다른 사람에게 와전될 것 같아 말 못하는 경우가 있지 않은가? 아픈 마음을 토로할 수 있는 사람이 있다면, 말이 와전될 것을 걱정하지 않아도 될 사람이 있다면, 일단 말을 함으로써 숨통이 트이지 않겠는가? 기도응답이 없으면 어떤가! 믿고 내 마음을 온전히 드러내 보일 수 있는 분이 있다는 것이 어디인가! 하나님은 우리의 말을 듣고 계신다. 작은 신음소리조차 듣고 계신다. 우리가 원하는 방향으로 모든 일이 진행되지 않는다 하더라도, 주님은 우리의 말을 분명히 듣고 계신다.

삶을 온전히 드리자

삶을 하나님께 위탁했다면, 그 열매는 무엇이 될 수 있을까? '든든함, 걱정하지 않음!' 이러한 태도가 위탁의 열매라고 생각된다. 내가 살고 있는 곳에 'Nakumat'라고 하는 슈퍼마켓이 있다. 슈퍼에 들어갈 때 짐이 있으면 맡기고 들어간다. 그리고 조그만 표를 받는다. 나올 때 그 표를 주면 내가 맡겼던 짐을 다시 돌려준다.

그런데 만약 내가 들어갈 때 짐을 맡기고 표를 받았는데 들어가서 한 5분 만에 나와서는 짐 맡은 사람에게 이렇게 말한다고 하자. "아까 맡긴 그 짐 잘 있죠?" 그 사람은 대답할 것이다. "짐 잘 있으니 걱정 말고 장 보고 나오세요!" 그런데 내가 들어갔다가 5분 후에 또 나와서 "내 짐 잘 있죠?"라고 묻는다고 하자. 그리고 5분 후, 또 5분 후, 그렇게 약 10번을 나와서 물어본다면? 당신이 짐 맡은 사람이라면 무슨 말을 하고 싶어질까? "이봐요! 그렇게 못 믿을 것 같으면 왜 맡긴 겁니까? 짐 가지고 여기서 나가세요! 나가!"라고 말하지 않을까?

예수 그리스도를 우리 삶에 주인으로 영접할 때 우리는 뭐라고 기도하는가? "내 인생 주께 드립니다." "내 인생 모두 맡깁니다." 그렇게 기도하지 않는가? 맡긴다고 말했으면 끝까지 맡겨야 하는 것이다. 맡긴 지 얼마나 되었다고 쪼르르 뛰어나와 "주님, 제가 맡긴 제 인생 잘 갖고 계신 거죠? 저 잘 인도하고 계시는 거죠?"라고 5분마다 주님께 질문한다면 주님이 뭐라 하실까? "너 자꾸 그럴래? 그러면 네가 맡겼다고 하는 네 인생 다시 갖고 가라고 한다! 나를 믿고 맡겼으면 온전히 믿어야지, 왜 그렇게 시시때때로 조바심을 내니?"라고 말씀하시지 않을까? 하나님께 맡긴다는 것은 온전하게 드렸다고 하는 것이기 때문에 걱정하거나 조바심을 내지 않는 것을 말한다.

기도로 염려를 물리친다

아무것도 염려하지 말고 다만 모든 일에 기도와 간구로, 너희 구할 것을 감사함으로 하나님께 아뢰라(빌 4:6).

왜 하나님께서 우리에게 아무것도 염려하지 말라고 말씀하셨을까? 나는 그 이유를 나름대로 피부에 확 와 닿게 깨달은 계기가 있었다. 아무것도 염려하지 말라고 한 바로 다음 구절에서 하나님은 우리에게 오직 모든 일에 기도하라는 말씀을 하셨다.

몇 년 전, 이스라엘을 갈 기회가 있었다. 그런 기회가 주어졌다는 것을 알게 되었을 때 나는 굉장히 설레는 마음이었다. 그동안 성경에 나와 있는 글로만 예수님을 만났지 예수님의 얼굴을 맞대면서 만난 적은 없다. 그러나 예수님이 태어나신 이스라엘에 간다면 주님의 얼굴을 마주하는 것과 같은 느낌일 것이라는 생각이 들었다. 애인을 만나러 가는 심정으로, 이스라엘에 가기 전까지 특별한 준비를 하고 싶었다.

그래서 이런 작정을 했다. '앞으로 2주 동안은 하루 7시간 기도하자!' 나는 보통 새벽 4시면 일어난다. 그리고 6시까지 묵상하는 편이다. 그리고 내가 지금 선교사로서 담임목회를 하고 있는 교회는 새벽예배가 6시이다. 그래서 새벽기도 마치는 7시부터 12시까지 기도하면 5시간이 된다. 성전에서 12시까지 있지 못하고 아침에 일이 있다거나 할 때는 시간을 재조정한다. 보통 내가 잠자는 시간은 밤 12시이다. 그러니 자기 전까지 2시간 더 챙기면 하루 7시간 기도가 가능하리라 생각하고, 그야말로 작정하고 실천해보았다.

평소에도 2시간은 기본으로 기도하는 편이었지만 7시간으로 기도 시간을 확 늘리니 시간이 얼마나 부족하던지…. 이 시간을 어디서 가져오지? 그러다 보니 누군가를 만나 행여나 남 비판 이야기를 할 기회가 주어지면 나는 얼른 그 자리를 피할 생각을 했다. 이유는 간단하다. 기도 시간 7시간을 채워야 했기 때문이다. 작정한 시간을 채우려고 하니 불평할 시간도 전혀 없었다.

그렇게 노력하면서 배웠다. '아! 기도하다 보면 걱정할 시간이 없구나. 걱정한다는 것은 기도할 시간에 기도하지 않고 있다는 것이구나! 왜 주님은 아무것도 염려하지 말고 오직 모든 일에 기도하라고 하셨을까? 모든 일에 기도하다 보면 걱정할 시간이 없다는 것을 가르치신 것이구나!'

"나에게 네 삶을 맡기라" 하신 것은 기도하면 된다는 것이고, 기도

할 수 있다면 걱정할 이유가 없다는 말씀일 것이다. 기도하면 내 환경을 다 이해하지 못하더라도 내 지식과 상식을 넘어서는 평강이 마음에 넘칠 것이다. 이것은 곧 주님이 기도하는 사람에게 주시는 확실한 약속의 말씀이다. 걱정이 없다는 것은 걱정할 일이 없다는 뜻은 아니라고 생각한다. 시편에 이런 말씀이 나온다. "주의 법을 사랑하는 자에게는 큰 평안이 있으니 그들에게 장애물이 없으리이다"(시 119:165). 장애물이 정말 없겠는가? 주의 법을 사랑하면 장애물이 있다 할지라도 그것을 장애물로 여기지 않게 된다는 뜻일 것이다.

하나님의 말씀을 최고로 여기는 삶

이에 열둘을 세우셨으니 이는 자기와 함께 있게 하시고 또 보내사 전도도 하며 귀신을 내쫓는 권능도 가지게 하려 하심이러라(막 3:14~15).

여기서 중요한 것은 첫 번째가 '예수님과 함께'이다. 이때 '함께'라는 말에 대하여 나는 이전에는 그저 슬플 때 하나님이 함께하셔서 좋다는 차원에서만 생각했다. 임마누엘의 하나님이 나의 모든 감정을 이해해주시며, 내가 슬플 때 위로해주신다는 생각에서 '함께'라는 말을 좋아했던 것 같다.

그런데 어느 날 이런 생각이 들었다. 예수님이 누구신가? 로고스! Word! 즉, '말씀'이시다. 그러므로 예수님이 항상 나와 함께한다는 것은 말씀이 나와 항상 함께한다는 것이다. 내 인생에서 어떤 일을 만나도 하나님의 말씀이 내 인생을 좌지우지하는 것이다. 누군가가 미워질 때 "주 예수께서 너희를 용서하신 것같이 너희도 그리하라" 하는 말씀이 떠오르는 것이다. 나도 모르게 나태해질 때 "깨어서 기도하라"는 말씀이 저절로 떠오르는 것이다. 예수님이 함께한다는 것은 하나님의 말씀이 나를 주장한다는 것이다. 이것이 곧 하나님께 인생을 맡긴 사람들의 특징이다. 인생을 주님께 맡겼으니 그분이 하라는 대로 하는 것이다.

예수님이 외로워서 열두 제자를 부르셨겠는가? 예수님이 함께하기 위하여 사람을 부르셨다는 것은, 하나님의 말씀을 어떻게 받아들여 삶에 적용하는지 가르쳐주시려는 뜻이 아니었을까? 예수님이 우리와 함께하고 싶어 하셨다는 것은 우리의 삶에서 '말씀 되시는 그리스도'가 우리의 생각과 마음과 행동을 다스리기 원하셨던 것이라는 생각이 든다. 하나님께 인생을 맡긴 사람들은 주님의 말씀을 그들의 인생에서 가장 중요시 여기는 사람들인 것이다. 걱정하는 대신 기도하는 사람들이기도 하다.

Desire [소원]

Delight yourself in the LORD and he will give you the desires of your heart_Psalms 37:4

소원, 어떻게 성취할 것인가

또 여호와를 기뻐하라 그가 네 마음의 소원을 네게 이루어주시리로다 _시 37:4

세상 사는 사람치고 소원 없는 사람이 있을까? 돈을 많이 벌어 부자가 되고 싶다든지 결혼하고 싶다든지 건강해지고 싶다든지 좋은 직장에서 일하고 싶다든지 좋은 대학을 가고 싶다든지…. 사람들의 마음에는 소원이 있다.

그런데 그리스도인들이 소원을 이루어가는 방법은 하나님을 믿지 않는 사람들과는 다른 것 같다. 하나님을 믿지 않는 사람들은 '끈'이라는 것을 중요시 여긴다. 영향력 있는 사람을 통해 내가 필요한 것을 얻으리라 기대할 수 있는 끈. 하지만 그리스도인에게는 하나님이 삶의 '끈'이 된다. 하나님을 모르는 사람들은 자신이 갖고 있는 능력이나 물질, 인간관계 등을 통하여 소원을 이루려고 하지만 하나님을 믿는 사람의 방법은 차원이 다른 것이다.

하나님을 기쁘시게 하는 사람

여호와를 기뻐하라 그가 네 마음의 소원을 네게 이루어주시리로다(시 37:4).

즉, 마음의 소원을 이루기 원한다면 성경적인 답은? 여호와를 기뻐해야 한다는 것이다. 자녀가 부모 앞에서 재롱을 피운다거나 어떠한 행동과 말로 부모를 기쁘게 한다면 부모는 그 받은 기쁨에 어떻게 반응하는가? 무엇인가 주고 싶은 마음으로 반응하게 되지 않는가? 누군가가 우리에게 잘해주어 우리 마음이 기쁘면 자동적으로 '저 사람에게 무언가 해주고 싶다!'라는 생각을 하게 된다.

살로메라는 헤롯 왕의 의붓딸이, 왕의 생일을 축하하며 춤을 추자 헤롯 왕이 굉장히 기뻐한다. 그래서 "무엇이든지 네가 원하는 것을 내게 구하라 내가 주리라 … 네가 내게 구하면 내 나라의 절반까지라도 주리라"(막 6:22~23) 하고 말한다.

그렇다면 하나님도 우리를 보시고 마음이 기쁘시면 이렇게 말씀하시지 않을까? "얘, 내가 너 때문에 정말 기쁘구나. 무엇을 원하니?

뭐든 다 들어줄게." 전능하신 하나님께서 우리 마음의 소원 한두 가지쯤이야 말씀만 드리면 얼른 들어주시지 않겠는가? 소원을 성취하려면 하나님을 기쁘시게 해야 한다는 것이다. 사람을 기쁘게 하거나 비위를 맞추려고 노력하기 전에 하나님을 기쁘시게 하면, 하나님이 나를 도와주어야 할 그 사람의 마음을 움직여주시지 않겠는가? 사람의 마음을 움직이는 일, 그것은 하나님의 일이다! 사람의 마음을 만드신 분이 하나님이시기 때문이다.

나폴레옹이 전 세계를 정복했을 때 나폴레옹에게 4명의 심복이 있었다고 한다. 그들 중 한 사람은 사실 나폴레옹이 그렇게 좋아한 사람은 아니었다고 한다. 그럼에도 불구하고 심복 부하들이 함께 있을 때 나폴레옹이 그 부하에게 물어보았다. "너는 원하는 것이 무엇이냐?" 그 부하가 대답하기를 "소아시아(터키)를 저에게 주십시오!" 옆에 있는 다른 심복들은 그야말로 주제넘은 부탁이라고 생각했다. 나폴레옹이 다시 그 부하에게 물어본다. "너는 내가 그 땅을 주리라고 믿느냐?" 이 사람이 뭐라고 답했을까? "네! 믿습니다." 그 한마디 말이 나폴레옹의 마음에 확 들었다. 그래서 좋아하지 않는 신하였지만 "네가 그 땅을 가지리라" 하고 말했다고 한다. 하나님도 자신을 믿어주는 사람을 좋아하신다. 믿음이 있어야 하나님을 기쁘시게 할 수 있다.

믿음이 없이는 하나님을 기쁘시게 하지 못하나니 하나님께 나아가는 자는 반드시 그가 계신 것과 또한 그가 자기를 찾는 자들에게 상 주시는 이심을 믿어야 할지니라(히 11:6).

그런데 나는 기도하는 것이 무조건 이루어진다고 믿는 것은 '하나님이 원하시며 기뻐하시는 믿음'이 아니라고 생각한다. 하나님이 내 기도를 다 들어주시는 분임을 믿노라고 말하는 믿음보다는 하나님은 어떤 상황에서도 내 삶에 선하신 분이라고 고백하는 믿음을 하나님이 더 기뻐하신다고 믿는다.

우리 삶의 목적은 우리가 기도하는 대로 소원이 이루어지는 것이 아니라 하나님을 기쁘시게 하는 것이다. 하나님이 우리 때문에 기뻐서 어쩔 줄 몰라 하시며 "얘, 너 무엇을 원하니? 말만 해라! 내가 다 들어주마!" 하고 말씀하실 수 있는 사람이 되면 얼마나 좋을까? 하나님께 보채고 칭얼거리면서 원하는 것을 달라고만 하지 말고, 말하지 않아도 주님이 무엇이든 주고 싶어 하실 수 있는 사람이 되기 바란다.

신앙의 업그레이드

보통 주일예배 때 들을 수 있는 대중 기도는 이렇다. "주님, 지난 한 주간 알고 지은 죄, 모르고 지은 죄 모두 용서해주소서. 우리가 연약

하여 행하지 못한 것들을 용서해주소서." 물론 좋은 기도이다. 하나님은 우리의 연약함을 고백하는 기도를 기뻐하신다. 중심으로 통회하는 회개의 기도를 주님은 기뻐하신다.

그러나 한 번쯤은 이런 기도를 듣고 싶다. "주님, 세상에 풍파도 많이 있고 유혹도 많이 있지만 하나님이 저희를 도와주셔서 세상이 감당하지 못할 사람으로 살다가 주일이 되어 이렇게 주님을 경배하고자 교회 왔습니다. 얼마나 감사한지요. 지난 한 주간 동안 승리를 주신 하나님께 찬송 올려드립니다." 하나님이 이런 기도 들으시면 마음이 상쾌해지시지 않겠는가? 기쁘시지 않겠는가?

왜 우리는 아픈 이야기, 힘든 이야기를 더 많이 하게 되는 것일까? 물론 교회는 병자가 모이는 곳이다. "예수께서 들으시고 이르시되 건강한 자에게는 의사가 쓸 데 없고 병든 자에게라야 쓸 데 있느니라" (마 9:12). 병자는 교회에 와서 고침을 받아야 한다. 교회는 감방 같은 곳이기도 하다. "나는 의인을 부르러 온 것이 아니요 죄인을 부르러 왔노라 하시니라"(막 2:17). 환자들과 죄인들이 모이는 곳이 교회이니, 왜 아프다고 징징대지 않겠는가? 몸뿐 아니라 상처받은 마음으로 아픈 사람들이 모이다 보니 "주님, 저 상처 받았어요. 흑흑흑. 그 인간이 나한테 그런 말을 해서 시험 들었어요. 교회 나오기 싫어요!" 같은 말을 쉽게 들을 수 있는 곳이 교회일 수도 있다.

우리 주님, 많이 바쁘실 것이다. 주일마다 이곳저곳에서 아프다는 사람들의 상처를 치료하고 다니셔야 하니 말이다. 주님이 꼭 전쟁터의 의사 같지 않은가? 그래서 나는 한때 이런 상상을 해본 적이 있다. 군의관 뒤에서 열심히 도와주는 간호 여장교, 군의관이 환자들을 돌볼 때 그의 손과 발이 되어 붕대나 핀셋, 주사 등 필요한 것을 그때그때 알아서 챙겨주는 예쁜 간호장교, 그 모습이 곧 내 모습이었으면 좋겠다고.

교회는 병원과 감방뿐 아니라 장거리를 달리는 믿음의 경주자들이 "준비, 땅!" 하고 질주하는 경기장이기도 하다. 그리스도의 군사들이 전쟁을 준비하는 훈련장일 수도 있다. 훌륭한 군사들은 평소에 훈련을 철저히 하고 아파도 내색하지 않으며, 어떻게 하면 자신이 군대와 나라를 위해 도움이 될 수 있을지 둘러본다. 우리도 이왕이면 '하나님이 언제 내 소원을 들어주실까?' 하는 것만 생각하기보다는 '하나님께 어떠한 기쁨을 드릴 수 있을까?'라고 생각하는 '신앙의 업그레이드'가 있었으면 좋겠다.

> 너희는 이 세대를 본받지 말고 오직 마음을 새롭게 함으로 변화를 받아 하나님의 선하시고 기뻐하시고 온전하신 뜻이 무엇인지 분별하도록 하라(롬 12:2).

'선하고, 기쁘고, 온전한 뜻', 점층법이다. 영어성경에는 'good,

pleasing, perfect'로 나와 있다. 즉, 더 이상 바랄 게 없다는 것이다. 우리의 신앙 수준이 '더 이상 바랄 게 없는 단계'로 올라가도록 추구하는 것이 주님이 기뻐하시는 태도라고 생각한다.

날이면 날마다 '술 마시는 게 죄냐 아니냐'를 두고 벌이는 쟁론, 피곤하지 않은가? "성경에 술 취하지 말라고 그랬지 언제 마시지 말라고 그랬는가?" 하고 말하는 사람이 있는데, 그냥 속 편하게 안 마시면 되지 않는가? 교회 가면 십일조 내라는 말을 자주 해서 짜증 난다는 사람이 많다. '왜 교회 가면 돈 이야기를 자꾸 하느냐!' 하고 짜증 나는가? 그러면 그냥 내면 되지 않는가? 내지 않으니까 짜증 나는 것이다. 갈등할 것 없이 그냥 순종하는 마음으로 내면 간단한 문제이다.

이제 초보적인 신앙에서 벗어날 때가 되지 않았는가? 언제까지 헌금 이야기가 우리의 '시험거리'가 되어야 하는가? 술 마신다고 지옥 가겠는가? 그렇지 않다. 담배 좀 피우면 어떤가? 하지만 하나님께서 보실 때 '괜찮은' 차원에서 만족하는 것보다 '주님께 기쁨이 되는 차원' 더 나아가 '완전한 주님의 기쁨이 되는 것'을 추구하는 것이 성숙한 신앙관이 아닐까?

어느 분이 이렇게 설교했다는 것을 들은 적이 있다.

"여러분, 어느 장로가 주일 성수 안 하고 주일에 골프 치러 갔는데 골프공이 뒤로 날아와서 딱 맞아 뇌진탕으로 죽었습니다. 장로가 그렇게 주일 성수를 안 하니 하나님이 벌 내리신 겁니다!"

정말 하나님이 그 장로님을 벌 주셔서 그렇게 죽게 하셨을까? 하나님이 그렇게 사람 죽이기로 결정하셨다면 과연 주일에 예배당 의자에 살아서 예배드릴 수 있는 사람이 몇 명이나 될까? 주일에 골프 치러 가는 것만 죄인가? 다른 죄는 없나? 그렇게 하나님이 벌로 사람을 죽이신다고 말하면 안 된다고 생각한다.

하나님께서 우리에게 어떻게 벌을 주시는가? 우리가 술 마실 때 '저 아들 벌 줘야지!' 하고 지켜보고 계시겠는가? 하나님은 '저렇게 술 마시고 운전하면 사고 나기 쉬운데 어쩌지?' 하시며 아버지의 마음으로 걱정부터 하실 분이다. 하나님 앞에서 어떠한 신앙의 태도를 갖는가 하는 것은 우리에게 달려 있다.

율법으로는 절대 사람을 온전하게 만들지 못한다. 율법으로 아무리 "주일에 교회 가지 않고 골프 치러 가면 안 된다"라고 말하면 무슨 소용이겠는가? 하나님을 사랑한다면 그분이 무엇을 기뻐할지를 먼저 생각해봐야 한다. '아, 이런 일은 주님이 기뻐하지 않으시겠다. 주일에는 교회에서 온종일 봉사하는 것을 주님이 더 기뻐하시지 않을까?' 하고 생각하는 것이 마땅하다. '주일에 골프 치러 가면 벌로 골프공에 맞아 죽는다는데 골프 치러 가지 말고 교회 가야지' 하고 생각한다면 그 신앙관에 문제가 있는 것이다.

하나님을 기쁘시게 하면 내 마음의 소원을 들어주신다. 하나님을 기쁘시게 하려면 믿음이 있어야 한다. 주님을 기쁘시게 하는 것을 삶의 목표로 삼는 자세를 유지해야 할 것이다.

하나님의 선하고 기쁘고 완전하신 뜻을 이루어드릴 수 있기를 소원하면서 살아간다면, 하나님께서도 기뻐하시며 우리 마음의 소원을 이루어주시리라 믿는다.

Example life
[본이 되는 삶]

—

I have set you an example that you should do as I have done for you_Jone 13:15

본이 되는 삶, 예수님의 발자취를 좇으라

내가 너희에게 행한 것같이 너희도 행하게 하려 하여 본을 보였노라 _요 13:15

예수 믿는 사람은 왜 세상 사람들에게 본을 보여야 하는가? 예수님을 믿지 않는 사람들 중에서 교인의 좋은 본을 못 봐서 교회 오기를 꺼리는 사람들이 있다는 말을 들었다. 그렇다면 우리는 어떤 '본보기'의 삶을 살아야 하는가?

언젠가 어느 기도원에 가서 설교한 적이 있다. 설교하기 전 강사 의자에 앉아 있었는데 사람들의 기도 소리가 들렸다. "주여! 주여! 주여!" 얼마나 강력하게 기도하던지, 한편 사이비 이단 같은 느낌이 들 정도로 열광적이었다. 나는 비신자가 아니라 설교하러 간 강사인데도 무섭다는 생각이 들 정도였다.

설교하는 도중에 이런 말을 하였다. "여러분, 여러분이 기도하는 거 보니까 너무 열광적이어서 한편 무섭다는 생각이 들었어요. 다음부터는 기도원 설교하러 오라고 하면 안 와야지 하는 생각까지 들거든요." 이렇게 솔직하게 말하고 난 다음에 이어서 말했다.

"여러분! 여러분이 '주여, 주여!' 하면서 열심히 기도했는데 기도원에서 집회 마치고 나가면 뭔가 달라져 있어야 하지 않을까요? 예를 들어봅시다. 집회 마치고 나면 아무래도 주차장에서 차들이 한꺼번에 빠지게 될 테니 차가 많이 밀리겠죠? 새치기하는 분들도 있으시겠죠? 여러분은 얄밉게 새치기하고 들어온 차 운전사에게 어떻게 할 것 같나요? 문 열고 욕하는 사람도 간혹 있겠죠? 그런데 이렇게 욕하는 사람이 누구입니까? 방금 기도원에서 같이 '주여!' 하고 손 높이 들고 기도하고 나온 사람이라는 말이죠. 그렇게 은혜받고 함께 소리 높여 기도한 사람에게 욕한다면, 기도원에 가지 않은 사람과 크게 다른 것이 있을까요?"

평범한 생활 가운데 우리 그리스도인들이 보여줄 수 있는 '본이 되는 삶'에는 어떤 것이 있을까? 다른 예를 하나 들어보자. 수요예배를 사모하는 어느 청년이 있다. 업무를 마치자마자 얼른 교회에 가고 싶어 한다. 그런데 그 시간에 다른 직원들은 모두 일하고 있다면, 그리고 그 직장에는 예수님 믿지 않는 사람들만 있다면, 이 청년이 어떻게 하는 것이 '좋은 본을 보이는 그리스도인'이 될 수 있을까?

"전 예배 가야 합니다! 예배는 저에게 아주 중요하거든요"라고 말하며 다른 직원들은 모두 일하는 시간에 혼자만 회사를 쏙 빠져 나간다면 좋은 본보기가 될 수 있을까? 그러면 예수님 안 믿는 사람들이 뭐라고 그럴까? "우와! 신앙심 참 좋은 동료네. 본받고 싶다!"라고 말할까? 아마도 "저 싸가지 없는 인간!"이라고 말하고 싶을 것이다. 수요일에 예배를 가고 싶으면 화요일에 오래 남아서 일을 하든지 목요일에 아침 일찍 나와서 민폐를 끼치지 않는 것이 좋은 본이 되는 그리스도인이 아닐까?

그리고 교회 주보나 안내장, 악보 등을 왜 직장에서 복사하는가? 직장 상사나 사장님은 예수님도 안 믿는데 말이다. 교회 가서 일을 보든지 아니면 자기 돈을 써서 복사하는 것이 옳다. 왜 믿지 않는 상사 앞에서, 게다가 업무 시간에 회사에서 교회 일을 하는가? 주님이 우리를 그렇게 가르치시지는 않은 것 같다.

우리가 '본보기'라고 말하는 것을 거창하게 '거룩함'이라고 말하지는 않더라도, 다른 사람들과 함께 살아가는 사회생활에서 적어도 기본적인 예의는 지키고 다른 사람에게 피해를 입히는 일은 없어야 하지 않겠는가!

어떻게 믿음의 본을 보일까?

우리는 삶의 올바른 본을 뭇 사람들에게 보여줘야 한다. 사람들이 우리를 보면서 "야, 예수 믿는 사람은 뭐가 달라도 다르다", "아, 저런 예수님이라면 나도 믿고 싶다" 하는 마음이 생기도록 '본보기'가 되어야 한다.

하나님은 여러 가지 상황에서 우리가 '본보기의 삶'을 살기 원하신다. 그러면 예수님을 잘 믿는데도 일이 잘 안 풀리는 경우, 그리스도인으로서 우리는 어떤 태도를 보여주어야 할까? 이럴 때는 일단 마음이 어렵다. 자신이 교회 장로거나 권사이며, 모든 사람이 자신을 보며 믿음이 좋은 줄 알고 있는데 사업도 어렵고 자식 일도 꼬이고 하는 일마다 안된다면 어떨까? 자신은 아무리 생각해도 하자가 없고 신앙생활도 열심히 하는 것 같은데 왜 이런 상황이 찾아온 것인지 이유를 알 수 없을 때, 도대체 하나님은 우리에게 어떤 태도를 원하시는 걸까? 성경말씀을 한 구절 보자.

> 가나안 여자 하나가 그 지경에서 나와서 소리 질러 이르되 주 다윗의 자손이여 나를 불쌍히 여기소서 내 딸이 흉악하게 귀신 들렸나이다 하되 예수는 한 말씀도 대답하지 아니하시니 제자들이 와서 청하여 말하되 그 여자가 우리 뒤에서 소리를 지르오니 그를 보내소서 예수

께서 대답하여 이르시되 나는 이스라엘 집의 잃어버린 양 외에는 다른 데로 보내심을 받지 아니하였노라 하시니(마 15:22~24).

이럴 때 다른 사람 같으면 "하나님은 사랑이시라면서요? 그런데 지금 인종 차별하십니까? 좋습니다. 그러면 나, 하나님 안 믿어요! 당신만 신입니까? 난 이제 다른 데로 가겠습니다!"라고 말할 수 있지 않았을까? 그런데 이 가나안 여인은 다음과 같이 말한다. "주여 옳소이다마는 개들도 제 주인의 상에서 떨어지는 부스러기를 먹나이다"(마 15:27). 너무나도 겸손한 대답이다. 예수님은 그녀가 어떤 대답을 할지 모르셨을까? 예수님은 하나님이시다. 우리의 마음을 다 알고 계신다. 그러면 그녀가 어떻게 대답하리라는 것 역시 알고 계셨을 것이다. 그런데 주님은 왜 가나안 여인을 무시하는 듯한 말씀을 하셨을까? '옆에 있는 바리새인들, 제사장들아! 좀 들어봐라, 이 여자가 뭐라고 대답하는지 똑똑히 들어봐라!' 이런 생각을 하시지 않았을까? 그리고 이 여인이 어떻게 믿음으로 반응하는지 보고 배우라는 뜻 아니었을까?

이에 예수께서 대답하여 이르시되 여자여 네 믿음이 크도다 네 소원대로 되리라 하시니 그때로부터 그의 딸이 나으니라(마 15:28).

우리도 주님을 놀라게 하고 기쁘게 하는 믿음을 가져보는 것은 어떨까? 하나님이 아무리 어려운 일을 주시더라도, 믿음의 사람은 이 어려운 일을 어떻게 견뎌나가는지 주위 사람들에게 보여주는 것이 좋은 믿음의 본보기이다.

고통이 찾아오는 이유

우리는 보통 친한 친구에게만 마음의 고통에 대해 이야기하게 된다. 친하지 않으면 "어떻게 지내냐?"라고 묻는 말에 설사 힘든 일이 있어도 "어, 잘 지내지!"라고만 답한다. 그러나 친한 친구에게는 "요즘 죽을 지경이야! 남들한테는 말도 못하겠고…" 하며 속내를 보이게 된다.

주님도 마찬가지 아닐까? 그분의 고통을 나눌 수 있는 사람은 주님과 친한 사람이다. 주님과 그저 그런 사이인 사람은 하나님이 그냥 놔두신다. 그러나 하나님이 사랑하시는 사람에게는 하나님의 마음을 알 수 있도록 고통을 체험하게 하신다.

하나님께서 에스겔에게 이렇게 말씀하셨다.

인자야 내가 네 눈에 기뻐하는 것을 한 번 쳐서 빼앗으리니 너는 슬퍼

하거나 울거나 눈물을 흘리거나 하지 말며 죽은 자들을 위하여 슬퍼하지 말고 조용히 탄식하며 수건으로 머리를 동이고 발에 신을 신고 입술을 가리지 말고 사람이 초상집에서 먹는 음식물을 먹지 말라 하신지라 내가 아침에 백성에게 말하였더니 저녁에 내 아내가 죽었으므로 아침에 내가 받은 명령대로 행하매(겔 24:16~18).

왜 하필이면 에스겔이었겠는가? 사랑하는 아내를 데리고 간다 했을 때 에스겔이 아닌 다른 사람이었다면 "하나님, 어떻게 제 아내를 데리고 갈 수 있습니까? 이럴 순 없습니다. 이러시면 저, 하나님 떠나 버릴 겁니다"라며 하나님을 원망하지 않았을까?

우리는 왜 하나님께서 예수님 잘 믿는 사람에게 고통을 주느냐고 묻는다. 그런데 예수님을 잘 믿지 않는 사람에게 고통을 주면 하나님을 떠나버리지 않을까? 하나님을 신뢰하는 사람은 아무리 힘들어도 하나님을 떠나지 않는다. 오히려 '하나님이 나 같은 사람을 친하게 여겨주시다니 감사합니다. 주님, 이 고통을 저와 함께 나누기로 선택하시고 하나님의 친구가 될 수 있는 은혜를 베푸시니 정말 감사합니다. 주님의 고통을 나눠주셔서 감사합니다!' 하는 마음을 품는다. 어려움이 찾아온다면, 당신도 이런 마음으로 감사하며 고통을 이겨나갈 수 있기를 바란다.

의인의 본보기

그러면 본이 되는 삶을 살고 싶지만 그렇게 살고 있지 못하다고 생각될 때는 어떻게 해야 하는가? 자괴감에 빠져 있어야 하겠는가? 그럴 때는 '의인의 본보기'에 대해 생각하며 마음을 새롭게 갖는 것이 중요하다.

의인은 일곱 번 넘어지더라도 여덟 번째 일어난다 하지 않는가? 한 번도 넘어지지 않는 사람을 의인이라고 하는 것이 아니다. 우리는 넘어질 수밖에 없다. 그러나 의인의 특징은 다시 일어난다는 것이다. 여덟 번째 일어났다가 아홉 번째 또 넘어지더라도 다시 일어나는 사람이 의인이다.

그러나 일어나지 않는 사람, 주저앉아 있는 사람은 의인이 아니다. 하나님이 우리에게 바라는 것은 그런 '의인의 본보기'이기도 하다. 내가 아예 쓰러지지도 않는 사람이라면 예수님께서 굳이 이 땅에 오실 필요가 없지 않았겠는가? 예수님은 내가 자신의 힘으로는 의인이 될 수 없음을 아신다. 그래서 이 땅에 와주신 것이다. 내가 죄인이 아니라면 주님이 오실 필요가 없었으니, 주님을 이 땅에 내려오시게 한 주인공(?)이 바로 나라고 생각하면 한편으로는 자신이 참으로 소중하게 느껴지지 않는가?

주님 만난 후 우리의 신분은 '죄인'에서 '의인'으로 바뀌고 '성도'

가 된다. 너무나 감사한 일이다. 그러므로 평생 감사하는 마음으로 주님의 발자취를 따라가며 세상 사람들에게 삶의 선한 본보기가 되는 사람이 되어야겠다.

선교사님, 이것이 궁금합니다!

임은미 선교사와 함께하는 신앙 상담 1

"죄지으면 무조건 벌 받나요?"

Q. 하나님은 우리의 어떠한 죄도 용서해주시잖아요. 하지만 죄에 대한 벌은 받게 하신다면서요?

A. 우리 죄를 자백한다는 것은 우리가 지은 죄를 인정한다는 것이다. 그러니 예수님을 믿게 되었다고 더 이상 죄를 짓지 않는 것은 아닌 것이다. 얼마 전에 나에게 문자로 질문이 하나 왔다. "목사님, 하나님이 죄는 용서해주시지만 죄에 대한 벌은 받게 하신다면서요?" 죄에 대한 벌이라…. 나는 그렇게 생각하지 않는다.

첫째, 우리가 용서받은 죄는 불신의 죄, 즉 주님을 믿지 않은 죄이다. 그런데 주님을 믿은 후 지난날의 불신을 용서해달라고 기도할 때, 하나님께서 죄에 대한 벌이라며 그 사람을 지옥 가게 하시겠는가?

"만일 우리가 우리 죄를 자백하면 그는 미쁘시고 의로우사 우리 죄를 사하시며 우리를 모든 불의에서 깨끗하게 하실 것이요"(요일 1:9). 우리가 죄를 자백하면 우리 죄를 용서해주시겠다는 말씀 뒤에, 그래도 죄에 대한 벌은 받게 된다는 말씀은 없다. 그러나 죄에 대한 결과는 있다고 생각한다. '죄에 대한 벌'과 '죄에 대한 결과'는 다르다.

예를 들어 당신이 누구랑 싸웠다고 하자. 그런데 너무 화가 나서 옆에 있던 칼을 들고 상대방의 팔을 베어서 그 팔이 잘렸다고 하자. 당신은 제정신을 차리고 난 다음 그 사람에게 용서를 빌었다. 그 사람도 당신을 용서했고 하나님도 당신의 회개기도를 들으셨고, 그 사람이 당신을 고발하지 않아 법적으로도 벌을 받지 않았다고 하자. 그렇다고 당신이 잘라버린 그의 팔이 턱하니 그 사람 어깨에 다시 가서 붙겠는가? 그렇지 않다. 당신은 잘린 그의 팔을 보면서 마음이 아프고 괴로울 것이다. 그것은 죄에 대한 벌인가, 죄에 대한 결과인가?

결혼하지 않았는데 혼전 성관계로 임신을 했다. 아기를 낳을 용기가 없어서 낙태 수술을 했다면 그로 인한 아픔을 겪어야 한다. 또

한 낙태를 자주 하게 되면 나중에 임신하고 싶을 때 임신이 안 된다고 하는데 이러한 것이 죄에 대한 벌인가, 죄에 대한 결과인가? 그런 것들은 죄에 대한 결과일 뿐이다.

이처럼 우리는 죄의 결과에 대하여 책임을 져야 하는 때가 있다. 따라서 우리가 죄를 고백하면 하나님이 그 죄를 사해주시고 벌은 내리시지 않으니 담대(?)하게 죄를 지어도 된다고 생각하는 것도 건강한 믿음이 아니다. 보통은 벌이 무섭지 않아서라기보다는 육신의 소욕이 너무 강하고 영의 소욕이 약해져서 죄짓는 경우가 많다. 그래서 회개하고 싶은 마음이 생기는 것이다. 그리고 죄를 회개하면 주님께서 '모든 불의'에서 용서해주신다고 약속하시니 용서받는 대로 더욱더 감사하게 된다.

예수님 믿고 난 다음에도 우리는 자주 회개하지 않는가? 한 번도 회개하지 않은 사람이 있을까? 이제는 예수님 믿어서 죄 안 짓는다고 당당하게 고백할 수 있는가? 나는 그렇지 않다. 죄인 줄 알고도 짓는 죄가 이전보다 많이 감소한 것은 사실이나 그래도 여전히 죄인 줄 알면서도 짓는 죄가 있고 울컥 화가 나고 짜증이 나서 짓는 죄도 있는 것이다.

예수님 믿고 오랜 세월을 살아도 돌아보면 늘 주님 앞에 고백해야 할 죄들이 있지 않은가? 주님 앞에 서면 우리의 모든 동기가 다 밝혀진다는데 나는 주님 앞에 어떤 모습으로 서게 될까? 주님처럼 완전하게 살지는 못했다 하더라도 무지하여 죄를 죄인 줄 모르고 살다가 끝내 회개하지 못한 죄를 가지고 올라가면 안 될 텐데….
죄는 모두 고백해야 한다. 그래야 모든 불의에서 미쁘심을 받고 죄에 대한 용서를 받을 수 있다. 따라서 죄를 분별할 수 있는 지혜를 달라는 기도도 필요할 것이다. 이 세상에서 지은 모든 죄를 주님 앞에서 고백하고 진심으로 회개할 수 있기를 바란다. 그리고 나 같은 죄인을 살리신 하나님의 은혜가 실로 위대한 것임을 깨닫고 감사할 수 있기를 바란다.

Forgiveness [용서]

Forgive us our debts, as we also have forgiven our debtors_Matthew 6:12

용서, 다른 사람도 이렇게 용서하라

우리가 우리에게 죄지은 자를 사하여 준 것같이 우리 죄를 사하여주시옵고_
마6:12

당신은 용서받았음을 확신하는가? 용서에는 어떤 능력이 있는가? 빌리 그레이엄 목사님은 정신병원에 입원한 사람들이 '용서의 참된 의미'를 이해하고 믿는다면 그들 중 3분의 1이 퇴원할 것이라고 설교한 적이 있다. 그 정도로 용서는 사람들의 묶여 있는 마음을 풀어주는 능력이 있다는 것이다.

사람들은 때때로 "너는 용서받지 못할 인간이야"라고 말한다. 그러나 용서받지 못할 사람이 있는가? 그리고 일반적인 생각과는 달리 용서받지 못하는 사람이 감옥에 있는 것이 아니라 용서하지 못하는 사람이 감옥에 있게 된다. 즉, 자유가 없다는 얘기다. 용서를 못하는 마음이 곧 '감옥'과 같은 곳이다. 차라리 용서받지 못한 사람은 '네가 나를 용서하든지 말든지!'라고 생각하며 자유로울 수 있다. 그런데 내가 누군가를 용서하지 못하면 어떤가? 아침에 일어날 때도, 밤에 잘 때도 그 사람이 생각나고, 길을 가다가 만나면 보기 싫어 인상을 찌푸리거나 피하게 된다. 항상 마음속에 기분 나쁘게 자리 잡고 있는 그 사람으로 인해 내가 묶여 있는 것이다. 그러므로 용서라는 것은 다른 사람이 아닌 바로 나 자신을 위해 하는 것이다.

용서받음에 대한 확신

용서에는 적어도 세 가지 종류가 있는 것 같다. 내가 하나님께 받는 용서, 남에 대한 용서, 나 자신에 대한 용서. 그중에서 우선은 내가 하나님 앞에서 용서받았다는 확신이 있어야 한다.

중고등부 전도사 시절, 아이들을 데리고 수양회를 갔었다. 중고등부 수양회에서는 갈 때마다 캠프파이어를 하는데, 아이들에게 자신의 죄를 모두 적어 타는 불에 넣으라고 한 후 물어봤다. "얘들아, 너희의 많고 많은 죄 다 적었지? 그 죄가 다 어디 갔니?" "모두 불에 탔어요." "무엇이 되었니?" "재가 됐어요." "너희 정말로 하나님이 너희의 모든 죄를 다 잊으시고 용서하셨다고 믿니? 그런 사람 한번 손 들어 봐!" 그러자 약 10퍼센트가량의 아이들이 쭈뼛쭈뼛 손을 들 뿐이었다. 왜 이 아이들은 하나님이 정말 용서하신다고 말해줘도 못 믿는 것일까? 왜 그 진리가 쉽게 믿어지지 않는 것인지 생각해보았다.

부모의 역할은 참으로 중요하다. 왜냐하면 아이들은 자라면서 부모로부터 여러 가지 면에서 영향을 받기 때문이다. 어느 주일학교에서 선생님이 아이들에게 하나님에 대하여 이렇게 가르쳤다. "얘들아, 하나님은 영이야. 우리가 볼 수 없어. 그러나 우리에겐 아버지가 계시잖아. 아버지는 하늘에 계신 하나님과 똑같아. 하나님은 우리에게 아버지를 주셔서 하나님이 누군지 알 수 있게 해주셨단다."

그 말을 듣고 어느 꼬마가 손을 번쩍 들었다. "정말로 하나님이 우리 아버지랑 똑같으세요?" "그럼! 그래서 우리가 하나님을 아버지라고 하는 거야. 땅의 아버지를 통해 하늘의 아버지를 배우라고 말이야!" 그러니까 이 꼬마가 하는 말, "저 그러면 하나님 안 믿을 거예요." "아니, 왜?" "우리 아버지는요, 집에만 들어오면 엄마 때리고요, 욕하고 술 마셔요. 그래서 너무 무서워요. 그런데 하늘 아버지가 우리 아버지 같으면 난 하나님 싫어요!"

내 아이는 나를 보면서 하나님에 대해 어떠한 이미지를 배울까? 아이가 잘못했을 때 당신은 보통 어떻게 반응하는가? 처음에는 용서해줄 것이다. 그리고 난 뒤 얼마 안 있어 아이가 또 같은 잘못을 저지른다면 뭐라고 하는가? "이 자식, 지난번에도 그러더니!" 하며 아이를 혼내지 않는가? 자녀들이 지은 잘못을 쉽게 잊고 용서해주는 부모도 있지만, 두고두고 기억하며 혼내는 부모도 있다. 그런데 성경말씀을 보면 하나님은 우리의 죄를 다 잊으신다고 한다.

> 동이 서에서 먼 것같이 우리의 죄과를 우리에게서 멀리 옮기셨으며 (시 103:12).

부모들은 쉽게 잊어주지 않는 자식들의 죄를 하나님은 용서해주시고 잊으신다고 한다. 그런데 눈에 보이는 육신의 아버지가 그렇지 않을 경우, 눈에 안 보이는 하나님 아버지가 우리의 모든 죄를 용서해주신다는 말이 실제적으로 와 닿지 않을 것이다. 그래서 마음속에 항상 찜찜함이 남아 있어, 회개하고서도 시간이 지나면 같은 죄에 대해 또 회개하게 된다. 하나님께서 그러실 것 같다. "지난 부흥회 때 눈물 뿌려 그렇게 간절히 회개하더니 또 회개하네." "정말 죄송하니까 회개하는 거죠"라고 말할 수도 있겠지만 그것은 곧 하나님이 용서해주셨다는 믿음이 없다는 것이다. 믿음 없이는 하나님을 기쁘시게 하지 못한다.

예수님을 잘 믿는 성숙한 그리스도인들은 한편 얼굴이 두꺼운 사람들이다. 왜냐하면 많은 죄를 짓고도 하나도 죄짓지 않은 사람처럼 행동하기 때문이다. 저럴 수 있을까? 그렇다. "대저 의인은 일곱 번 넘어질지라도 다시 일어나려니와 악인은 재앙으로 말미암아 엎드러지느니라"(잠 24:16). 성숙한 그리스도인은, 일곱 번 넘어져도 여덟 번 일어나는 것을 믿기에 죄를 지어 쓰러지더라도 또 일어나면서 말한다. "하나님, 그 많고 많은 죄를 또 용서하셨습니까? 와! 정말 하나님 대단하십니다. 하나님 은혜를 받고 사는 나, 오늘 주신 이 하루 잘 살아보겠습니다. 그러다가도 또 쓰러질 수 있습니다. 그러면 하나님, 또 용서해주십시오!" 이런 사람이 성숙한 사람이다.

자기가 지은 죄에 짓눌리고 자괴감에 빠지면서 '나는 왜 이럴까? 왜 이것밖에 안 되지?' 하고 생각하는 것이 하나님을 기쁘시게 하는가? 그렇지 않다. 이것은 마귀를 기쁘게 하는 것이다. 마귀는 우리에게 죄의식을 준다. 하지만 하나님은 우리가 죄에 대해 납득할 수 있게 하신다. conviction, 즉 죄에 대한 깨달음을 주신다. 죄의식은 영어로 'guilty feeling'이라고 한다. 말 그대로 죄를 느끼는 마음인 것이다. 죄를 느낄 뿐, 그 죄에 대한 대안은 없다. 하지만 conviction이라는 것은 죄를 깨달은 후 방안을 생각해보는 것이다.

죄의식이 있는 사람은 거기서 일어나지 못하고 자꾸 자신을 비참하게 만들어서 하나님 일에 더 이상 진전이 없다. 그러나 하나님이 죄를 깨닫게 하신 사람은 과거를 딛고 일어나서 '이렇게 죄가 많은 나를 살리셨으니 너무 감사하다. 더 열심히 살아야지!' 하고 다짐한다. 태도가 다른 것이다.

마귀는 계속해서 우리에게 자기가 지은 죄 때문에 자신을 괴롭히는 것이 죄에 대한 보상이라고 여기게 만든다. 마귀가 '네가 얼마나 큰 잘못을 했니? 너 알고 있지?' 그러면 죄의식을 느끼는 사람은 스스로를 학대한다. '나는 못났어!' '왜 그런 짓을 했지? 난 정말 나쁜 인간이야!' 이런 것이 바로 마귀의 전술인 것이다.

"지피지기 백전백승(知彼知己 百戰百勝)"이라는 말이 있다. 나를 알고 적을 알면 백 번 싸워서 백 번 이길 수 있다는 말이다. 마귀의 이름은 참소자이다. 옛날에 지었던 죄를 계속해서 기억나게 한다.

미국에는 차 범퍼에 붙이는 광고 스티커(bumper sticker) 중에 이런 멋진 말이 있다. "When the Devil reminds you of your past, remind him of his future(마귀가 당신의 과거를 계속 참소해서 연상시키거든 당신은 마귀의 장래를 기억하게 하라)!" 마귀의 장래는 무엇이겠는가? 지옥 불이다. 마귀는 혼자 그 지옥 불에 가는 것을 싫어한다. 할 수 있는 한 많은 사람이 자기와 함께 그 불에 빠지기를 원하여, 쉬지 않고 노력한다. 사람들이 죄의식에서 헤어나오지 못하게 최선의 공격을 아끼지 않는 것이다.

한량없는 하나님의 사랑

하나님은 우리가 용서받은 것을 믿는 것을 기뻐하신다. 예를 들어보자. 어느 아이가 아버지가 굉장히 좋아하는 고려청자를 깨뜨렸다. 아이는 아버지가 그것을 얼마나 아끼시는지 알고 있었기에 너무 죄송했다. 아버지가 오시자 용서를 빌까 말까 망설이다가 용기를 내어서 말했다. "아버지, 아버지가 가장 아끼시는 고려청자를 제가 깨뜨렸습니다." "아니, 너… 이럴 수가!" 아버지는 너무나 화가 났지만 생각해보니 고려청자가 아들보다 귀한 것은 아니었다. 그래서 "알았다. 다음에는 절대 그러면 안 된다!" 하고 용서해주었다.

아들은 너무 죄송한 생각이 들었다. '아버지가 얼마나 귀하게 여기시는 것인데….' 그다음 날 또 아버지께 말씀드렸다. "아버지, 어제 고려청자 깨뜨린 것 죄송해요." 아버지는 그 말을 듣고 "그래. 안다, 알아. 내가 용서한다고 그러지 않았니?" "네, 너무 죄송해서요." "그래, 괜찮아. 할 수 없지."

3일이 지나 또 아들이 아버지께 말씀드린다. "아버지, 3일 전에 고려청자 깨뜨려서 정말 죄송해요." "그래, 내가 용서했다고 말하지 않았니?" 그런데 아들은 여기서 그치지 않는다. 다음 날에도 계속해서 용서를 구한다. 그렇게 한 달 내내 용서를 빈다면 나중에는 아버지가 화나지 않겠는가? 그때는 고려청자를 깨뜨린 것보다는 용서했다고 말했는데도 아버지 말을 믿지 못하는 아들이 괘씸해지는 것이다.

하나님은 우리의 죄를 용서하실 때 "알았다"고 말씀하신다. 그런데 우리는 "이제 안 그럴게요. 죄송해요!" 하고서는 1년 전에 고백한 죄, 10년 전에 지은 죄를 또 고백한다. 좋은 말도 한두 번 들으면 지겨워진다는데 죄지었단 말을 또 하고 또 하면 주님이 귀찮지 않으실까? 우리, 그러지 않았으면 좋겠다. 주님을 귀찮게 하지 말자! 용서하셨다고 한 번 말씀하시면 그냥 믿자! 그리고 다음부터 같은 죄는 짓지 않으려고 기도하면서 노력해보자!

성경을 보면 베드로가 용서에 대해 다음과 같은 질문을 한다.

주여 형제가 내게 죄를 범하면 몇 번이나 용서하여주리이까 일곱 번까지 하오리이까(마 18:21).

보통 바리새인들은 세 번까지 용서했다고 한다. 즉, 세 번 용서하면 아주 관대한 사람이란 평가를 받았다고 한다. 그런데 베드로는 "일곱 번 할까요?" 하고 물었던 것이다. 그는 나름대로 칭찬받고 싶어서 그렇게 말했을 것이다. 예수님은 그런데 "일곱 번뿐 아니라 일곱 번을 일흔 번까지라도 할지니라"(마 18:22) 하고 대답하셨다.

여기서 말하는 '일곱 번을 일흔 번', 즉 490번은 원어에서는 '동일한 죄'를 뜻한다고 한다. 다시 말해, 하루에 똑같은 죄를 490번 지어도 용서해주라는 것이다. 그만큼 하나님의 용서의 마음은 어마어마한 것이다. 계산해봤더니 하루에 490번 똑같은 죄를 지으려면 2.98분, 즉 거의 3분에 한 번씩 죄를 지어야 한다. 똑같은 죄를 그렇게까지 짓는 사람이 있을까? 바쁘게 살다 보면 죄지을 시간도 사실 없는데 하루에 거의 3분 간격으로, 그것도 동일한 죄를 짓는다면, 정말 이런 사람이야말로 죄인이라고 불릴 자격이 충분하다고 하겠다. 이런 죄인마저 용서해주는 것이 하나님의 사랑이다.

  사람과 사람 사이에 490번이라도 용서하라 하셨으니 하나님은 4,900번이라도 용서하시지 않겠는가? 이러한 하나님의 은혜에 감사한다면, 주님께서 우리의 모든 죄를 용서하셨음을 믿고, 이미 용서받은 이전의 죄에 얽매이지 말며, 다시는 같은 죄를 지지 않도록 열심히 살아야 한다. 하나님은 그런 태도를 기뻐하신다.

다른 사람도 이렇게 용서하라

  나는 남편을 통해 하나님의 사랑에 대하여 많은 것을 피부로 배우게 되었는데, 용서에 대한 것 역시 마찬가지였다. 내 남편은 사람이 참 좋다(남편은 미국 사람이다. 신학대학 다닐 때 같은 수업을 들으면서 만나 1년 데이트하고 결혼했다). 남편과 지금까지 22년의 세월을 살면서 느낀 것은, 남편은 내가 지금까지 만난 그 누구보다 예수님을 제일 많이 닮은 사람이라는 것이다.

  우리가 부부싸움을 한다면 99.9퍼센트가 내 잘못이다. 그리고 때

때로 똑같은 잘못을 반복할 때도 있다. 하지만 남편은 한 번도 나에게 "당신, 전에도 그랬잖아! 그리고 그때도 잘못했다고 사과해놓고 또 똑같은 잘못을 해?"라고 말한 적이 없다.

 한번은 내가 의아해서 물어보았다. "당신은 왜 나한테 따져 묻지 않죠? 왜 같은 잘못을 또 저질렀냐고 화낼 수 있을 텐데 말이예요." 그러자 남편이 하는 말이, 자신도 하나님으로부터 용서받고 살아가는 죄인인데 그렇게 큰 용서를 받고 살면서 아내의 잘못을 용서 못해 주겠냐고 한다. 그리고 "지난번에 그렇게 하지 않겠다고 말했잖아. 그런데 왜 또 그랬어?"라고 말하지 않은 이유는, 그런 말이 듣는 사람을 주눅 들게 하기 때문이라고 했다. 그다음에 또 잘하고 싶은 용기를 없앤다는 것이다. 그런 질책을 들으면 '그래, 어차피 잘하겠다고 말해도 또 못할 건데…' 하는 생각이 들기 쉬울 거라는 것이다. 그래서 남편은 과거의 일을 굳이 들추지 않는다고 말해주었다.

 그 말을 듣고 나니 '아! 그래서 하나님도 우리 죄를 잊어주시는구나'라는 생각이 들었다. 다음에 잘하라는 뜻으로! 하나님이 우리에게 "너, 다시는 안 그러겠다고 했잖니?"라고 하신다면 "하나님, 이번만 봐주시면 다음에 잘할게요"라는 말을 할 용기가 생기게 될까?

 죄를 짓고 회개할 때마다 우리는 "아이고, 하나님! 지난번이랑 똑같은 죄를 짓고 말았어요. 어쩌죠?"라고 말한다. 나에게는 똑같은 죄이지만 주님이 이미 잊어버리신 죄라면 그 죄는 주님께 새로운 죄로 여겨지지 않을까? 성경에는 우리가 죄지은 것을 고백하면 하나님은 그 죄를 바다 깊숙한 곳에 던지신다고 하셨다.

다시 우리를 불쌍히 여기셔서 우리의 죄악을 발로 밟으시고 우리의 모든 죄를 깊은 바다에 던지시리이다(미 7:19).

누가 바다 깊숙이에서 우리의 죄를 다시 건져올 수 있을까? 깊은 바다에 던지셨다는 것은 우리 하나님이 다시는 그 죄를 건지지 않으시겠다는 사랑의 선포인 것이다. 우리는 하나님이 우리를 용서하셨다는 것을 믿어야 한다. 그 믿음이 하나님을 기쁘시게 한다. 죄의식을 버리지 못하면, 주님은 우리가 지은 죄 때문이 아니라 죄를 사하여주셨다는 그 말씀을 믿지 않음으로 인하여 화를 내시게 된다.

하나님의 용서를 믿지만 자신이 지은 죄가 너무 크다고 생각해서 자신을 용서하지 못하는 경우가 있는가? 그와 관련하여 다음과 같은 예화를 들은 적이 있다.

어느 여성이 형부를 사랑했다고 한다. 그러다가 언니가 아기 낳으러 친정에 간 사이에 형부와 불륜의 관계를 맺게 되었다. 언니는 아기를 낳고 돌아오고 함께 살던 동생은 결혼을 하게 되었다. 이 동생은 아주 믿음이 좋은 사람에게 시집을 갔다. 그런데 결혼 후 시간이 지날수록 우울증이 심해지는 것이었다. 형부와의 일을 생각할수록 언니에게 너무 미안하여 언니를 볼 때마다 죄의식이 커졌던 것이다. 남편이 우울증에 빠져 있는 아내를 데리고 목사님께 상담을 하러 갔다. "아내가 우울증에 걸렸습니다. 사랑스러운 아이도 두 명 낳았고 남편인 저도 아내에게 잘해주는데 왜 우울증에 걸린 건지 원인을 모르겠으니 좀 도와주세요." 하고 남편이 말했다. 목사님은 남편을 상담실 밖으로 나가 있으라 하고 그 여성에게 왜 우울증에 걸렸는지 그 이유를 알고 있으면 말해보라고 했다. 그녀는 형부와의 관계를 솔직히 털어놓으면서 자기 자신을 용서할 수 없다고 대답했다.

그러자 목사님이 그녀를 데리고 호숫가로 갔다. 그리고 그녀에게 작은 돌을 가지고 와서 호수에 빠뜨리라고 했다. 그러고는 돌이 어디로 갔냐고 물어봤다. 그녀는 저 밑에 내려갔다고 대답했다. 목사님이 이번에는 큰 돌을 가지고 와서 빠뜨리라고 했다. 그리고 또 물어봤다. "돌이 어디로 갔죠?" 그녀가 호수 밑에 내려갔다고 대답하자 목사님이 그녀에게 말했다. "큰 죄나 작은 죄나 다 예수님의 은혜의 못에 들어가면 똑같습니다. 모두 다 가라앉는 것입니다. 하나님은 당신을 용서하셨습니다. 그리고 호숫가에 이런 팻말을 붙여놓으셨습니다. '낚시금지!' 다시는 옛 죄를 떠올리지 마십시오. 주님의 은혜의 강에 들어가서 자유함을 입으십시오!" 그러자 그녀의 영혼은 비로소 자유함을 입게 되었다.

"진리를 알지니 진리가 너희를 자유롭게 하리라"(요 8:32)라는 성경말씀 그대로다! 진리가 와 닿은 것이다. '아, 내가 용서받았구나! 하나님께서 내 죄를 다 잊어버리셨구나!' 하나님은 기억하지 않으신다. 마귀가 기억하는 것이다. 하나님은 우리 죄를 잊어버렸다고 말씀하셨다. 그러니 우리가 490번 똑같은 죄를 지어도 하나님께는 항상 새로운 죄인 것이다. 우리는 '어, 이거 어제 지은 죄인데 어쩌지?' 하고 걱정하지만 주님은 말씀하신다. "어제 뭐? 너 용서했으니 나는 잊어버렸다." 주님이 잊어버리시는 것이 있다는 것은 너무 감사한 일이다. 이러한 용서를 알면 다른 사람들을 용서하기도 쉬워질 것이다.

용서는 우리 인생에서 굉장히 중요하다. 용서받았다는 감격이 있는 사람이 남을 용서해줄 줄 아는 것이다. 내가 받은 용서의 감격이 적으니까 타인을 용서해주는 것에 박해지는 것이다. 용서받았다는 확신과 감격이 큰 사람일수록 남을 용서하기 쉬워진다는 이야기가 된다. 그래서 하나님께서는 우리에게 나만 용서받는 것에 그치게 하지 않으시고 "우리가 우리에게 죄지은 자를 사하여준 것같이 우리 죄를 사하여주시옵고"(마 6:12)라는 기도문을 가르쳐주셨다.

용서는 우리가 함께하는 것이다. 내가 용서받은 것을 믿고 감사하며, 그러한 믿음의 열매로 자신뿐만 아니라 나에게 잘못한 이웃도 용서하는 것, 이것이 바로 주님이 원하시는 '용서'의 태도인 것이다.

Goodness of God [하나님의 선하심]

You are good, and what you do is good; teach me your decrees_Psalms 119:68

하나님의 선하심, 범사에 이것을 인정하라

주는 선하사 선을 행하시오니 주의 율례들로 나를 가르치소서 _시 119:68

아프리카 케냐에는 독특한 강대상 문화가 있다. 설교자가 나와서 첫마디로 "God is good(하나님은 선하시다)!"이라고 하면 모든 성도가 "All the time(항상 그러하시다)!"으로 화답한다. "하나님은 선하시다! 항상 선하시다!" 나는 그리스도인이 이 한 가지 진리만 꼭 붙들고 살아가도 신앙생활에서 성공하리라고 믿는다. 이 진리를 확실하게 붙든다면 인생에 어떠한 일이 생겨도 "하나님, 모든 일이 합력하여 선을 이루겠지요" 하는 믿음의 고백을 하게 되는 것이다. 어떠한 상황에서도 하나님은 항상 한결같이 선하신 분이라는 것을 믿는 그 믿음이 변하면 안 된다.

하나님의 이미지 관리

내가 살고 있는 곳은 리무르라는 지역으로, 케냐의 나이로비 시내에서 약 50분 떨어진 교외에 있다. 가끔 나이로비 시내에 볼일이 있어 나갔다가 나이로비 쪽에서 살고 있는 한인교포를 만나게 되는 경우가 있다.

어느 날 시내에 나갔다가 한인 집사님을 만났다. 나는 그분을 만나 반갑게 인사하고 헤어졌다. 그런데 그분이 집에 돌아가서 아내에게 "사람마다 힘든 일이 없는 사람이 없는데 유니스 목사는 볼 때마다 방글방글 웃어. 항상 밝아!"라는 말을 했다고 한다.

그 말을 들은 후 몇 달이 지나서였을까? 시내에서 또 그 집사님을 보게 되었다. 그날은 별로 기분이 안 좋았음에도 불구하고 그분이 나를 '항상 밝은 선교사'로 아니까 금세 내 표정이 바뀌면서 "오! 집사님 안녕하세요?" 하고 밝게 인사를 드렸던 기억이 있다. 집에 오면서 생각했다. 인간인 우리는 '이미지 관리'를 하는구나. 누가 나를 어떻게 생각하는지 알고 있으면, 그리고 나 또한 그렇게 보이는 것이 기쁘다면, 계속해서 그런 이미지로 보여지고 싶어 하는구나.

그러면 하나님도 그러시지 않을까? 우리가 늘 "하나님은 선하시다!"라고 믿고 고백하면 주님께서 우리의 믿음을 그대로 유지할 수 있게 해주시지 않을까? 우리가 하나님이 너무 좋은 분이라고 말로 고백하고 시인하며 아침에 눈뜰 때마다 "좋으신 하나님! 매일매일 참으로 좋습니다!"라고 하면 하나님도 '이미지 관리' 하시겠구나 하는 생각이 자연스럽게 들었다.

하나님의 선하심을 고백하자

나는 말에 능력이 있다고 믿는다. 우리가 하나님을 어떻게 생각하고 어떻게 입으로 고백하는가 하는 것은 매우 중요하다. 보통 〈말라기서〉를 이야기할 때 '십일조'에 대한 말씀을 먼저 떠올리지만 십일조 말씀 뒤에 나오는 말씀은 이러하다.

> 지금 우리는 교만한 자가 복되다 하며 악을 행하는 자가 번성하며 하나님을 시험하는 자가 화를 면한다 하노라 함이라 그때에 여호와를 경외하는 자들이 피차에 말하매 여호와께서 그것을 분명히 들으시고 여호와를 경외하는 자와 그 이름을 존중히 여기는 자를 위하여 여호와 앞에 있는 기념책에 기록하셨느니라 (말 3:15~16).

신앙생활을 하다 보면 예수님 안 믿는 사람이 우리에게 와서 하는 말이 있다. "야, 예수 믿어서 뭐할 거야? 예수 믿는 누구 보니까 일이 잘 안 풀리던데!" 이럴 때 하나님을 믿는 사람은 어떻게 말해야 하는가? "그래도 성경을 보면 말이야. 모든 일이 합력해서 선을 이룬다고 했어. 그렇게 말을 막 하는 게 아니야! 하나님의 계획은 사람이 잘 모를 때도 있거든. 그럴 때 사람은 기다려야 하는 거야!"

자! 위와 같은 말을 믿지 않는 친구에게 했다고 하자. 말라기 3장 15~16절 말씀은, 우리가 믿지 않는 친구에게 하는 말을 하나님께서 들으신 후 천사를 통해 기념책에 기록하라 하신다는 이야기이다. 천국에 올라가면 우리의 도서관이 있을 것 같다. 그리고 그 도서관에는 우리가 한 이야기들이 적혀 있는 책이 있을 것이다. 우리가 한 말 중 어떤 말들이 기념책에 올라갔는지 우리는 알 수 없다. 이왕 말할 거라면 하늘나라 기념책에 적힐 만한 말들을 하면서 사는 것은 어떨까? 하나님께서 "이것이 너의 어록이다. 네가 땅에 살면서 나에 대하여 했던 멋있는 말들이야" 하고 보여주신다는 상상을 한번 해보자. 그런데 하나님에 대해 멋지게 한 말이 없이 죽는다면 그 어록이 얇지 않겠는가? 그렇게 얇은 어록을 보면 부끄러울 것이다.

우리는 하나님에 대해 부정적으로 말하지 않도록 조심해야 한다. 자신이 하는 말에 대한 '인식'이 있으면 죄를 훨씬 덜 짓게 될 것이다. 말을 하고도 무슨 말을 했는지 인식이 없으면 말을 함부로 하게 된다. 성경에서는 하나님에 대하여 올바르고 긍정된 말을 한 사람들을 어떻게 대우해주실 것인지를 알려주셨다.

> 만군의 여호와가 이르노라 나는 내가 정한 날에 그들을 나의 특별한 소유로 삼을 것이요 또 사람이 자기를 섬기는 아들을 아낌같이 내가 그들을 아끼리니(말 3:17).

하나님이 가장 아끼는 아들을 대우하듯 아끼시겠다고 하셨다. 심판날에는 의인과 악인, 하나님을 잘 섬긴 자와 그렇지 못한 자가 구별되리라고 쓰여 있다. 이 땅에서는 잘 구별이 안 된다. 그야말로 예수님 안 믿는 사람이 잘되기도 하고 예수님 잘 믿는 사람이 안되는 것처럼 보일 때도 있다.

그런데 하나님 앞에 올라가서 기념책을 펴면 잘 섬긴 자와 못 섬긴 자가 구별될 것이라고 한다. 늘 "하나님은 선하시다. 그분은 항상 선하시다!"라는 고백을 하고 살면 좋겠다. 어떤 일을 만나더라도 이 고백을 할 수 있으면 좋겠다.

수를 놓은 천의 뒷면을 본 적이 있는가? 매듭지은 실, 끊어진 실, 다시 이은 실 등이 얽혀 형편없이 어지러운 모습만 본다면 수놓은 천을 사갈 사람은 없을 것이다. 그러나 앞면을 보면 봉황이나 공작 등 아름다운 무늬가 수놓여 있다. 색색의 아름다운 실로 잘 짜인 천처럼 하나님을 사랑하는 자에게는 모든 것이 합력하여 선을 이룬다. 즉, 삶에서 일어난 하나하나의 일들이 다 좋다는 것이 아니라 각각의 일들을 다 모아보면 좋은 일이 된다는 것이다.

금방 일어난 차 사고가 뭐가 그리 좋겠는가? 금방 직장에서 명예퇴직을 당했는데 그게 뭐가 좋은 일이겠는가? 그러나 이 일, 저 일을 다 합하여 나중에 돌아보면 좋은 일이더라는 말이다. 가끔씩 하나님을 사랑하지도 않는 사람들이 이렇게 말하는 것을 본다. "하나님! 모든 일이 합력해서 선을 이룬다면서요? 그런데 저에게는 왜 좋은 일들이 일어나지 않는 거죠?"

그 답은 아주 간단할 수 있다. 하나님을 사랑하지 않으면 그 약속은 성취되지 않는다. 하나님을 사랑하는 자에게만 이루어지는 약속인 것이다. 따라서 일이 자꾸 꼬일 때는 '일이 왜 꼬이는가?' 하는 생각보다는 '나는 하나님을 사랑하는가?'라는 생각을 먼저 해야 한다. 내가 하나님을 사랑하면 일이 아무리 꼬여도 염려할 것이 없다. 왜냐하면 그 모든 것이 합력해서 선을 이루어갈 테니까. 왜 하나하나의 일들은 그렇게 암울하고 슬펐는지를 지금은 모르지만 때가 이르면 나도 알게 될 테니까. 따라서 항상 하나님의 선하심을 믿고 그것을 고백하는 것은 중요한 일이다.

그리고 이런 고백을 즐겁게 하는 사람들에게는 믿음의 열매가 있을 것이다. 하나님이 항상 선한 분이라고 고백한다면 그 믿음은 우리의 삶에서 이웃을 향한 '선한 일'로 열매를 맺을 수밖에 없다. 선한 하나님을 그대로 본받아 살게 되는데 선한 일들을 사모하지 않을 수 있겠는가? 우리가 선한 일을 하게 되면 하나님을 믿지 않는 사람들도 우리가 섬기는 '선한 하나님'에 대해 관심을 갖게 될 것이고 그러한 관심을 통하여 우리는 더욱더 자연스럽게 나의 선한 하나님이 다른 이들의 선한 하나님이 될 수 있도록 '축복의 통로'가 되어줄 수 있는 것이다.

Hope [소망]

And now these three remain: faith, hope and love. But the greatest of these is love_1 Corinthians 13:13

소망, 천국까지 이어지는 것

그런즉 믿음, 소망, 사랑, 이 세 가지는 항상 있을 것인데 그중의 제일은 사랑이라 _고전13:13

성경을 영어와 한국어로 비교하며 읽으면서 재미있는 것을 발견할 때가 있다.

고린도전서 13장 13절을 영어와 한국어로 비교해서 살펴보자. 한글 성경에서는 믿음, 소망, 사랑이 항상 있을 것이라고 말한 것에 비해 영어 성경에서는 "항상 있을 것인데"라는 구절에 'remain'이라는 단어를 사용하였다. 이 단어에는 '남아 있다'는 뜻이 있다. 그런즉 위의 구절을 remain이라는 단어 그대로 한글로 번역하게 되면 "믿음과 소망, 사랑은 남아 있을 것인데 그중에 제일은 사랑이라"라고 할 수 있다.

일의 동기가 중요하다

고린도전서 3장에 다음과 같은 말씀이 있다.

만일 누구든지 금이나 은이나 보석이나 나무나 풀이나 짚으로 이 터 위에 세우면 각 사람의 공적이 나타날 터인데 그 날이 공적을 밝히리니 이는 불로 나타내고 그 불이 각 사람의 공적이 어떠한 것을 시험할 것임이라 만일 누구든지 그 위에 세운 공적이 그대로 있으면 상을 받고 누구든지 그 공적이 불타면 해를 받으리니 그러나 자신은 구원을 받되 불 가운데서 받은 것 같으리라(고전 3:12~15).

구원에도 부끄러운 구원이 있고 넉넉한 구원이 있을까? 예수님을 믿으면서도 상 받을 일을 한 것이 없다면, 부끄러운 구원이라고 한다. 예를 들어보자. 대중목욕탕에서 불이 나면, 창피한 건 둘째 치고 일단 살아야 하기 때문에 사람들이 아무것도 걸치지 않은 채 밖으로 나온다. 이런 경우, 생명은 건졌지만 발가벗고 나왔기 때문에 부끄러울 것이다. 성경에서는 상 받을 일을 하지 않은 사람은 마치 불에서 나온 것같이 부끄러운 구원을 받게 된다고 말한다.

"누구든지 그 공적이 불타면 해를 받으리니 그러나 자신은 구원을 받되 불 가운데서 받은 것 같으리라"(고전 3:15)라는 말씀에서 '공력'

이라는 말이 나온다. 하나님께서 우리가 행한 일들을 불에 태워보신 다는 것이다. 그때 그것이 그대로 남아 있으면 공력이자 상이 되는 것이고, 불에 타서 남는 것이 없으면 구원만 간신히 받을 수 있다는 말씀이다. 즉, 부끄러운 구원을 받는 것이다.

영어 성경에서는 "믿음, 소망, 사랑이 남는다"라고 적혀 있는데 '남는 것과 공적에 대한 연결점이 있지 않을까?' 하는 생각을 해보았다. 내가 이 땅에 살면서 하는 모든 일이 과연 남을 공력인지 다 불타버릴 공력인지 어떻게 알 수 있을까? 내가 한 일의 동기를 살펴봐야 한다. 어떤 일을 했을 때 믿음, 소망, 사랑이 동기가 되어 한 일들은 모두 남는다.

교회에서 아무리 헌금을 많이 하면 뭐하겠는가? 헌금을 한 동기가 '아, 내가 헌금을 이만큼 해야 직분자로서 명목이 서고 위신이 서고 그래야 남들이 나를 존경하겠지?'라는 생각이라면 이것은 사랑이나 소망, 믿음으로 한 일이 아니다. 자기 의를 나타내기 위해서 헌금을 조금 많이 한 것뿐이다. 따라서 공력이 하나도 없다. 불에 태워보면 다 없어질 일들이다.

믿음을 두고 예를 한번 들어보자. 당신이 사업을 하고 있다고 가정해보자. 주님이 도와주셔서 잘될 것이라고 믿는데 그 사업이 자꾸 망해간다. 하지만 당신은 믿음으로 자꾸 기도한다. "하나님 잘될 줄 믿습니다." 주위 사람들은 "저 사람 잘될 것이라고 믿는다는데 왜 저렇게 일이 안 풀리지? 불쌍하다"라고도 말할 수 있다. 그러나 당신은 하나님이 도와주실 것을 끝까지 믿는다.

'기복신앙'에 대해 이야기하고 있는 것은 아니다. 하나님 앞에서 기도하는 바가 이루어질 것에 대한 믿음을 이야기한다. 우리의 삶은 이 땅에서 끝나는 삶이 아니다. 천국까지 이어진다. 우리는 영생을 살 사람들이다. 이 땅에서의 삶은 잠깐의 나그네 길인 것이다. 이 나그네 길이 이어져서 영원으로 간다.

사업이 잘되리라고 믿었는데 죽는 날까지 사업이 좋아지지 않았는가? 그래도 죽는 시간까지 하나님이 자기를 도와주실 것에 대한 믿음을 버리지 않았다면 믿음의 공력이 남아 있지 않을까? 이 땅에서 믿음 없이 사업이 잘되어 부자가 된 사람보다, 믿음은 좋았지만 사업이 안된 사람이 영원의 세계에서는 더 부자일 수도 있는 일이다.

소망 역시 마찬가지다. 병이 나서 기도했는데 낫지 않는다. 그런데 하나님 앞에서 기도하며 끝까지 병이 나을 것이라는 소망을 버리지 않은 채 죽었다고 하자. 다른 사람들은 안타까워서 "아이고 소망 가지면 뭐해? 죽어버렸는데…" 하며 예수 헛 믿었다고 말할지도 모른다. 하지만 소망을 끝까지 붙들었다면 이 소망 역시 천국에서도 남는 공력이 되지 않겠는가?

이전에 이런 말을 들은 적이 있다. 의사들이 예수님을 잘 안 믿으려하는 이유가 있다고 한다. 예수님 믿는 사람들이 병원에 와서 다들 너무 죽지 않으려고 한단다. 천국이 그렇게 좋다면서 왜 그렇게 천국을 안 가려고 하는지 의문이라는 것이다. 그 말을 듣고 보니 한편 이해가 되기도 한다. 그래서 예수님 잘 믿는 사람들은 죽을 때 멋있게 죽는 태도도 필요한 것 같다. 이 땅에서 못 이루어지는 일들이 천국에서 이루어지라는 소망을 갖는 것 역시 하늘에 공력으로 남을 것이라는 생각을 해본다.

교회에서 봉사할 때는 사랑의 동기가 있어야 한다. 간혹 목사님의 마음에 들기 위해 봉사하는 성도들이 있는데, 사랑 없는 봉사는 하늘에서 아무런 상이 없다. 자신이 하는 모든 일 가운데 믿음, 소망, 사랑의 동기가 있는지 돌아보자.

위기는 하늘나라 보화를 만들 기회다

이런 예화가 있다. 어떤 사람이 "내가 너를 위해 집을 예비하리라" 하는 성경구절을 읽고 하늘나라에 올라가면 자기 집이 있을 거라고 생각했다. 그러던 어느 날 꿈에서 천사가 천국 구경을 시켜주었다고 한다. 그래서 이 사람이 "내 집은 어디 있습니까?" 하고 물었다. 천사가 보여준 집은 다 허물어져가는 집이었고 썩은 나무들로 지어져 있었다. 이 사람은 "아니, 내 집이 왜 이렇습니까? 더 멋있게 지었어야

죠!"하고 따졌다.

그러자 천사가 "성도님! 저희는 땅에서 성도님들이 올려주는 재료로만 집을 짓습니다. 그러니 땅에서 여러분이 금을 올려주면 금으로 만든 집이 되고, 지푸라기를 올려주면 짚으로 만든 집이 되는 것이죠!"라고 답했다고 한다.

위기(危機)라는 말은 '위험'과 '기회'를 합한 단어라고 한다. 어려운 일을 당할 때 이것을 기회로 삼을 것인지, 아니면 그냥 위험이라고만 생각할 것인지는 우리의 선택에 달려 있다.

어떤 사람이 길을 가다가 냇가의 물이 말라 있는 것을 보았다. 그때 공중에서 이런 음성이 들렸다. "냇가에서 돌들을 주워 네 주머니에 넣어라. 아침이 되면 네 마음속에 기쁨과 슬픔이 엇갈리리라." 이 사람은 들려오는 음성에 따라 돌을 집어넣었다. 아침이 되어서 주머니를 보니 어제 주운 돌들이 다 보석으로 바뀌어 있는 것이 아닌가? '야, 이럴 수가! 돌을 주워 넣었는데 보석이 되다니!' 그러나 그 순간 슬픈 마음이 엇갈리면서 들었다. '아, 이 돌들이 보석이 될 줄 알았더라면 더 주울걸 왜 이것만 주웠을꼬?' 기쁨과 슬픔이 교차하리라던 하늘의 음성대로 된 것이었다.

어떠한 어려움 가운데서도 감사를 선포하는 일은 하늘나라에 보화를 만드는 일이다. 그러한 고백 하나하나가 하늘나라 집에 보석을 박는 일과 같다. 하늘나라에 올라가고 나면 더 이상 보석을 만들 기회는 없어지는 것이다. 그러면 우리는 이 땅에서만 주님을 위하여 일할 수 있다는 이야기가 된다. 하늘나라에 올라가면 굳이 주님을 위하여 일해야 할 것들이 있을까? 매일 찬양과 경배의 시간으로 하루가 꽉 찰 텐데!

천국 가서 이런 후회의 고백은 하지 않기를 바란다. '이럴 줄 알았으면 그때 좀 더 감사하는 건데….' '이럴 줄 알았으면 불평 좀 덜 하는 건데….' 천국 가서 그렇게 후회하지 않으려면 이 땅에서 어려운 일이 있을 때마다 '지금이 기회다! 이때야말로 내 믿음을 주님께 보여드릴 수 있는 기회다! 하고 생각하며 믿음, 소망, 사랑의 마음으로 공력을 만들어야 할 것이다.

Identity [정체성]

I praise you because I am fearfully and wonderfully made; your works are wonderful, I know that full well_Psalms 139:14

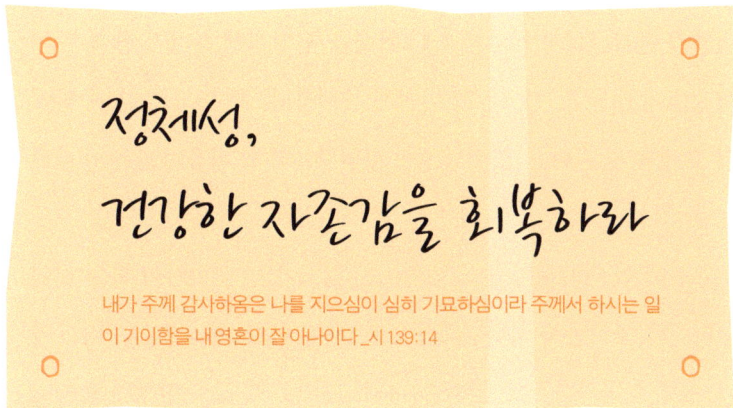

정체성, 건강한 자존감을 회복하라

내가 주께 감사하옴은 나를 지으심이 심히 기묘하심이라 주께서 하시는 일이 기이함을 내 영혼이 잘 아나이다 _시 139:14

당신의 정체성은 무엇인가? 당신은 자신의 정체성에 만족하는가?

내가 주께 감사하옴은 나를 지으심이 심히 기묘하심이라 주께서 하시는 일이 기이함을 내 영혼이 잘 아나이다(시 139:14).

우리는 신묘막측하게 만들어진 사람이다. 건강한 자존감만 가지고 있어도 우리는 많은 시험에서 이길 수 있을 것이다. 자존감이 약해지면 자신을 비하하며, 넘어지지 않아도 될 일 앞에서 넘어지게 된다. 선교사로서 연중 행사 중 하나는 청년 단기선교팀을 받는 일이다.

언젠가 단기선교차 케냐에 왔던 학생들 중 남학생 하나가 함께 온 여학생에게 대놓고 "야, 너 왜 이렇게 못생겼냐?"라는 말을 했다. 옆에서 그 말을 들은 나는 그 여학생이 시험받을까 봐 마음이 철렁 내려앉는 듯했다.

그런데 이 여학생이 눈도 깜빡하지 않고 이렇게 한마디 하는 것이었다. "넌 아직까지 하나님의 눈으로 사람을 볼 줄 모르는구나!" 아니, 이렇게 근사한 말로 답을 하다니! 나는 그때 그 여학생이 얼마나 자랑스럽게 여겨졌는지 모른다. 하나님은 우리를 참으로 아름답게 만드셨다. 그런데 우리는 자꾸 자신과 남을 비교해서 스스로를 잘나거나 못났다고 여긴다.

내 딸 수진이가 어느 날 울면서 이렇게 말했다고 가정해보자. "엄마, 난 왜 이렇게 못생겼을까? 내가 너무너무 싫어! 그런데 사람들이 다들 나더러 엄마 닮았대요! 왜 날 이렇게 못생기게 낳은 거야?" 그러면 엄마인 내가 그 말을 들을 때 기쁘겠는가?

하나님은 그분의 형상대로 우리를 만드셨고, 보시기에 심히 좋았다고 하셨다. 그런데 우리가 자신을 비하하며 못났다고 생각하면 하나님 마음이 기쁘시겠는가?

몇 년도의 코스타였는지는 기억이 잘 나지 않는데 내가 들어갔던 세미나를 인도하신 분은 《스타벅스 100호점의 숨겨진 비밀》의 저자인 맹명관 집사님이었다.

세미나 시간에 집사님이 이런 질문을 했다. "여러분, 여러분 가운데 아침에 일어나서, '야! 나는 정말 잘생겼다. 하나님의 걸작품이 아닐 수 없다! 어쩌면 하나님은 나를 이렇게 잘 만드셨을까? 정말 감사하다!' 이렇게 생각하는 사람 있으면 한번 손 들어보세요!"

그곳에 있던 80여 명 중에 단 한 명만 손을 들었다. 바로 나였다. 맹명관 집사님이 그런 나를 보시면서 "뻔뻔스럽군요!"라고 말하여 강의실 안에 폭소가 터졌다.

나는 왜 그런 고백을 그렇게 자신 있게 했을까? 그 고백은 나 자신을 남들과 비교한 다음 나온 말이 아니다. 그것은 내 '믿음의 고백'이었다.

하나님께서 "내가 너를 신묘막측하게 만들었다"고 말씀하신 것을 믿는 것이다. 하나님이 나를 만드시고 보기에 좋았다고 하셨다는 것을 아주 쉽게 믿는 것이다. 우리는 하나님이 우리를 예쁘고 멋지게 만드셨다는 것을 믿어야 한다. 거울 보고 믿지 말고 성경 보고 믿어야 한다. 거울 보면 시험받을 수도 있다. 성경대로 믿고, 생각하고, 행하는 일들만 하늘에서 상을 받는다.

누가 당신을 못생겼다고 하면 "야, 성경에서 우리는 모두 신묘막측하다고 하잖아. 믿어! 좀 믿어봐! 믿지 않는 네가 잘못이지 믿는 내가 잘못이냐?"라고 말해보자. 이렇게 말하는 사람을 감히 누가 감당하랴? 이렇게 믿음의 고백을 담대하게 하는 사람이 되어보자!

자신의 가치를 깨닫자

러시아의 어느 박물관에서 피카소의 그림을 구경한 적이 있다. 그중 〈세 여자〉라는 제목의 그림을 유심히 보았지만 피카소가 왜 그런 제목을 붙였는지, 그 그림이 어떤 의미나 가치를 담고 있는지는 알 수 없었다.

나는 미술을 잘 모른다. 나에게 비싼 값을 지불하고 그런 그림을 사라고 하면 아마 절대로 사지 않을 것이다. 거저 주면 모를까, 살 리가 없다. 진품의 가치를 몰라서 그런 것이다. 그러나 피카소를 좋아하고 그의 가치를 아는 사람들은 엄청난 돈을 내고서라도 그의 원화를 사고 싶어 할 것이다.

하나님의 가치를 모르는 사람들은 하나님의 마음으로 세상을 바라볼 수 없다. 그러나 하나님이 누군지 아는 사람들이라면 하나님의 눈으로 하나님이 만드신 피조물들을 볼 수 있을 것이다.

당신이 어떤 사람을 보면서 '야, 참 못생겼다!'라는 생각이 든다면 이렇게 생각해볼 필요가 있다. '난 아직도 하나님의 눈이 없는 사람이구나.' 하나님의 마음을 가지면 우리가 보는 모든 사람은 아름답게 보여야 할 것이다. 세상을 지으신 하나님이 우리에게 무엇이라고 말씀하셨는지가 중요한 것이다. 그분이 우리에게 말씀해준 '우리의 정체성'을 믿어야 한다. 우리는 신묘막측하게 지어진 사람이라는 정체성을 그대로 믿고 감사하는 것이 곧 하나님을 기쁘게 해드리는 것이다. 우리 삶의 목표 중 하나가 '하나님을 기쁘게 하는 것'이라면 우리의 정체성도 주님이 원하시는 대로, 믿음으로 가져야 하리라고 생각한다.

Joy [기쁨]

Be joyful always_1 Thessalonians 5:16

기쁨, 나는 항상 기뻐할 수 있는가

항상 기뻐하라_살전 5:16

항상 기뻐하라! 아주 쉬운 말인데 우리는 실천하며 살고 있는가? 그러면 항상 기뻐하라고 말한 바울은 항상 기뻐했는가? 그런 것 같지는 않다. 왜냐하면 그가 바울 서신 중 하나인 〈고린도후서〉에서 다음과 같이 말했기 때문이다.

내가 마음에 큰 눌림과 걱정이 있어 많은 눈물로 너희에게 썼노니(고후 2:4).

자신은 항상 기뻐하지 않으면서 어떻게 우리에게 항상 기뻐하라고 말할 수 있었을까?

기쁨의 의미

먼저 "기뻐하라"라는 말의 뿌리가 무엇인지 알아야 한다. 영어 성경에는 "Rejoice always!"라고 나와 있다. 행복이라는 단어인 'happiness'를 사용한 것이 아니다. 즉, "항상 기뻐하라(Rejoice Always)!"고 명령한 것이지 "항상 행복하라(Be happy always)!"고 명령한 것이 아니라는 것이다.

happiness의 어원은 happening(환경)이다. 즉, 환경을 통해서 우리 마음이 기뻐지면 행복하다(happy)고 말한다. 환경에 따라 별로 기쁨이 없으면 행복하지 않다(unhappy)고 말한다. 따라서 "Be happy!"라고 하면 환경으로 인하여 행복해지라는 말이지만 "Rejoice!"는 마음속에서 솟아나는 기쁨을 누리라는 것이다.

성경에서 명하는 것처럼 내 마음속에서 항상 넘쳐야 하는 기쁨은 환경에 좌우되는 것이 아니라는 것이다. 그렇다면 환경과 상관없이 우리가 기뻐할 수 있는 '기쁨의 뿌리'는 무엇인가? 바로 우리가 받은 구원이다. 하나님께서 "항상 기뻐하라!" 하신 것은 환경을 보지 말고 구원을 인하여 항상 기뻐하라는 말씀인 것이다.

당신이 직장에서 잘렸다고 해서 구원이 없어지는가? 사랑하는 사람에게 버림받았다고 해서 구원받지 못하는가? 사업이 망해서 돈이 한 푼도 없으면 천국에 못 들어가는가? 그런 것들은 구원과 아무런 상관이 없다. 그러니 환경에 따라 항상 행복할 수는 없지만 기뻐할 수는 있다. 무엇으로? 하나님이 우리를 구원하심으로 인하여!

생각을 바꾸면 즐거워진다

나는 기독상담학을 전공했고, 약 7년간 케냐 나이로비에 있는 Nairobi International School of Theology에서 기독상담학을 가르쳤다. 내가 가르친 과목 중에 '상담기술학'이라는 과목이 있었다. 즉, 상담할 때 어떤 기술을 갖고 하는가를 가르치는 과목이었다.

상담기술 중 'ABC 방법'이라는 기술이 있다. A는 action을 뜻한다. 상황을 말하는 것이다. B는 believe, 즉 믿음이다. 상황으로 인하여 어떤 믿음을 갖게 되는가 하는 것이다. C는 consequence, 결과를 말한다. 다시 말해, 어떠한 상황에서 어떤 믿음을 갖는가에 따라 다른 결과가 나온다는 이야기다.

ABC 방법의 핵심은 사람의 생각을 바꾼다는 것이다. 환경이 힘든 내담자가 와서 힘든 환경 이야기를 한다고 상담자가 그 환경을 바꿔 줄 수 있겠는가? 내담자가 와서 "사업이 망했습니다" 하면, 이 사람에게 지금 제일 필요한 것은 돈이다. 그렇다고 상담자가 돈이 많이 있어서, 돈이 필요한 내담자들이 찾아올 때마다 "이 돈 가지시죠!"라고 답을 줄 수는 없지 않겠는가? 상담자가 하는 것은 내담자의 마음을 바꾸어서 어려운 환경을 견뎌낼 수 있는 힘을 실어주는 것이다.

패러다임 시프트(paradime shift)라는 말이 있다. 마음 창을 바꾼다는 것이다. 《성공하는 사람들의 7가지 습관》이라는 책을 보면 다음과 같은 이야기가 나온다.

어떤 사람이 뉴욕에서 아이 세 명을 데리고 지하철을 탔다. 그런데 이 아이들이 무척이나 장난꾸러기이다. 옆 사람의 신문을 낚아채고 떠들고 뛰어놀며 소란을 피워서 지하철 안의 모든 사람이 짜증이 났다. 그중에 용기 있고 성질 급한 한 사람이 일어나서 "여보시오, 당신 아이들이 지하철에서 이렇게 소란을 피우는데 가만히 있기만 하면 어쩝니까? 혼이라도 내든지!" 하고 아이들의 아버지에게 소리를 질렀다.

그러자 아버지가 말했다. "정말 죄송합니다. 제가 방금 병원에서 나왔는데 한 시간 전에 제 아내가 죽었습니다. 애들 셋을 두고 아내가 죽었는데 뭘 어떻게 해야 할지 아무 생각이 없습니다." 그 순간 짜증 가득했던 지하철 안의 모든 사람에게 '아이고, 저 사람 어떻게 하나' 하는 긍휼한 마음이 생겼다.

이런 것을 패러다임 시프트라고 한다. 상황은 변한 것이 없는데 마음이 바뀐 것이다. 상황은 아무리 봐도 기뻐할 일이 아니지만 '어떻게 하면 이 상황에서 기뻐할 수 있을까?' 하고 생각해보는 것은 하나님께서 우리를 성숙으로 인도하는 과정에 놓으시는 관문 중 하나라고 생각한다.

이번에는 앞에서 말한 ABC 방법에 대해 살펴보자. 어떤 사람을 길에서 만나 지나쳤는데 그 사람이 나를 아는 사람임에도 불구하고 나에게 인사하지 않았다. 이 사람이 나를 무시하고 인사를 안 하는 것이라고 생각하게 되어 기분이 나빠졌다. 이 상황을 다음과 같이 정리해보자.

- A(상황) - 그 사람이 나를 보고 인사하지 않고 그냥 지나갔다.
- B(그에 따른 믿음) - 보고도 그냥 지나가다니 나를 무시하는군!
- C(결과) - 기분 나쁘다.

위와 똑같은 상황에서 다음과 같이 생각해볼 수도 있다.

- A(상황) - 그 사람이 나를 보고 인사하지 않고 그냥 지나갔다.
- B(그에 따른 믿음) - 어? 나를 보고 그냥 지나가다니 뭔가 생각이 많은가 보다. 무슨 걱정이라도 있나?
- C(결과) - 무슨 일일까? 기도해줘야겠다.

상황은 같지만 무엇을 어떻게 생각하느냐에 따라서 결과가 바뀌는 것이다. 그래서 상담자는 상담하러 오는 사람의 이야기를 가만히 들어보면서, 똑같은 상황에서 그 사람이 어떻게 믿고 생각해야 하는지를 알려주는 것이다.

내 경험을 하나 이야기해보겠다. 우리 아버지는 내 머리가 짧은 것을 싫어하신다. 나는 아기를 낳기 전에는 머리가 길었는데 출산 후에는 긴 머리를 관리하기가 어려워 짧게 잘랐다. 그러고 난 다음 친정에 갔는데 아버지께서 내 머리를 보고 어떻게 반응하실지는 이미 예측하고 있었다. 하지만 방금 미용실에서 머리 스타일을 바꾸고 온 여자치고 "머리 스타일이 그게 뭐냐?"는 말 들어서 기분 좋을 사람은 없다. 그래서 내가 어떻게 대답해야 할지를 미리 한번 생각해봤다.

집에 들어가니 내 머리를 보시고 아버지 첫마디는 예상했던 대로, "얘, 머리가 그게 뭐냐?"였다. 그래서 내가 이렇게 대답했다. "아버지, 저는 참 행복한 딸입니다. 세상의 수많은 아버지 중에 딸의 머리 스타일에 아버지처럼 지극한 관심을 갖는 아버지가 과연 몇 명이나 되겠습니까? 저는 이렇게 딸의 머리에 관심이 많은 아버지를 모시고 사니 참 행복합니다. 정말로 감사합니다, 아버지!"

아버지는 할 말을 잃으셔서 나를 보고 "네 방에 그냥 올라가거라" 하고 말씀하셨다. 나는 웃으면서 "아빠, 머리는 또 길거든요!" 하며 올라갔다. 그날 저녁 우리는 아주 화목하게 식사를 같이 했다.

그런데 만약 아버지가 그렇게 말씀하셨을 때 "아버지, 아버지는 너무 구식이에요. 올드패션이라고요. 요즘은 이게 유행이란 말이에요!"라고 말하고 내 방으로 올라갔으면 어땠을까? 그날 저녁 아버지와 나는 서로 기분이 안 좋은 채로 밥도 각자 먹게 되지 않았을까? 말한마디를 어떻게 해석하고 행동하느냐에 따라 상황이 달라지는 것이다.

상대편이 자의에 의하여 말하더라도 그 말을 어떻게 해석하는가 하는 것은 나에게 달려 있다는 이야기이다. 누군가가 육신의 말, 저주의 말, 짜증의 말을 했다 할지라도 우리에게 있는 성령의 다리미로 쭉쭉 한번 펴보는 것이다.

어떤 사람들은 하나님이 불공평하다고 말한다. 나는 그 말을 100퍼센트 부정한다. 하나님은 절대 공평하시다. 왜 하나님은 공평하신가? 우리 모두에게 어떠한 일에 대해 해석할 수 있는 능력을 공평하게 주신 분이기 때문이다. 환경은 불공평해 보여도 불공평한 환경을 공평하다고 느낄 수 있는 마음의 해석, 이 선택의 자유는 우리 모두에게 공평하게 주신 것이다. 그렇기 때문에 하나님은 불공평하신 분이라고 말하면 안 된다. 내가 그 상황을 잘 해석하면 되지 않겠는가?

무슨 일이 생기면 하나님께 따지듯이 '왜 이런 일이 일어났죠?'라고 말하기보다 '하나님 뜻이 있으시겠죠'라고 말하는 것이 훨씬 예의 바른 태도라고 생각한다. 하나님께는 "왜 그렇죠?"라고 질문하기보다는 "제가 어떻게 이 일을 이해할까요?"라고 질문하는 것이 좋다.

상처부터 다스리자

마음에 상처가 없는 사람이 모든 일을 건강하게 해석할 수 있다. 교회 오면 꼭 상처받았다는 사람이 있다. 세상 사람들보다 교인들에게 더 큰 상처를 받았다는 말을 듣기도 한다.

예수님 믿는 사람들이 모인 교회 안에서 상처받는다는 것을 너무 의아해할 필요는 없다. 주님께서 산상수훈 설교 때 "원수를 사랑하라"는 말씀을 하셨다. 그 말을 듣는 사람들은 예수님 믿는 사람들이다. 그렇다면 예수님 믿는 사람에게 원수가 있다는 말씀? 그 원수는 교회 밖 사람뿐만 아니라 교회 안의 지체일 수도 있는 것이다.

사도 바울이 골로새서 3장 13절에서 "누가 누구에게 불만이 있거든 서로 용납하여 피차 용서하되 주께서 너희를 용서하신 것같이 너희도 그리하고"라는 말씀을 하셨다. 용서할 사람이 없으면 용서하라는 말씀을 했을 이유가 없다. 누군가가 교회 안에서 잘못을 했다는 이야기이다.

교인들끼리 다투는 것은 한편 당연한 일일 수도 있다. 형제자매끼리도 싸우면서 크는 법이다. 긍정적으로 생각하면 좋을 것 같다. 뭇 사람들은 "무슨 교회가 장로교, 감리교, 침례교, 순복음 등으로 나뉘고 장로교 안에서도 통합이랑 합동으로 나뉘는 등 왜 그렇게 잘 갈라서는가?" 하고 따지듯 질문하기도 한다. 하지만 그것도 해석하기 나름이다.

가족관계를 보면 한 집에도 할아버지, 큰아버지, 작은아버지, 고모 등 많은 친척이 있지 않은가? 그래도 다 한 식구다. 마찬가지로 장로교, 감리교, 침례교, 순복음 등으로 나뉜 교회도 하나님 아버지 안에서 한 가족인 것이다. 가족이다 보니 형과 동생이 싸우듯 싸울 수도 있고, 싸우면서 정도 생기고 배우기도 하며, 그러다가 철들면 서로 도와주는 것이다.

이런 말이 있다고 한다. "상처받는 사람이 상처 주는 사람보다 더 나쁘다." 이 말 들으면 '아니, 무슨 소리를 저렇게 해?'라는 의문이 생길 법도 하다.

한 가지 예를 들어보자. 만약 칼에 베여 상처 난 손에 식초를 부으면 어떻겠는가? 비명을 지를 정도로 아플 것이다. 그런데 상처가 없다면 식초를 부어도 냄새만 조금 날 뿐이지 씻으면 그만이다. 자기 안에 상처가 있는 사람일수록 부정적인 말을 듣거나 힘든 상황에 닥칠 때 민감하게 반응할 수가 있다.

왜 다른 사람은 똑같은 말을 들어도 대수롭지 않게 넘어가는데 나는 그 말에 파르르 떨며 잠까지 설치는가? 교회에서 상처받았다고 그 교회 안 다니겠다고 결정하는 성도들이 있는데 교회를 다른 곳으로 옮기면 상처받지 않겠는가?

어떤 사람이 완전한 교회를 찾을 때까지는 교회를 안 나가겠다고 말하자 그 말을 들은 사람이 이렇게 답했다고 한다. "당신이 만약 완전한 교회를 찾는다 해도 당신이 그 교회에 들어가는 순간 그 교회는 완전한 교회가 못 돼!" 내가 완전한 사람이 아닌데 어떻게 내가 속한 교회가 완전할 수 있겠는가? 그래서 상처받았을 때는 자신이 건강한 사람인지를 먼저 생각해보는 것도 지혜라고 하겠다.

기쁨은 선택이다

정말 말 같지 않은 말을 들었는가? 상처가 될 만한 말을 들었을 때 이런 방법을 사용해보는 것은 어떨까?

내 딸 수진이는 인도인들이 많이 다니는 학교에 다니고 있다. 그래서 나는 딸에게 "넌 선교사 딸이니, 모슬렘이 95퍼센트인 그곳에서 모슬렘 친구들과 친하게 지내면서 서서히 예수님에 대한 복음을 알려주렴" 하고 말했다.

그런데 한번은 수진이가 학교에서 돌아와 속상하다는 말을 했다. 집에서는 항상 높여주는 말, 칭찬과 격려의 말에 익숙해 있는데 학교에 가면 아이들에게 계속 무시하는 말을 듣는다는 것이다. 그리고 아이들이 "하나님을 그렇게 잘 믿으면 이 험한 세상에서 절대로 살아남지 못해!"라고 하면서 수진이를 왕따 시킨다는 것이다.

수진이가 집에 와서 "엄마, 애들이 자꾸 이런 말을 해서 힘들어요"라는 이야기를 하기에 일단은 아팠을 그 마음을 위로하고, 그래도 학교 생활 잘 견디는 것에 감사하고 칭찬했다. 그러고 나서 이런 말을 해주었다.

"쓰레기 버리는 통을 뭐라고 그러지?" "쓰레기통!" "한국어에 똥이라는 말이 있어. 똥을 담는 통은 뭐라 그러는지 아니? 똥통이라고 해. 무엇을 담느냐에 따라 그릇 이름이 달라지지. 어떤 사람이 쓰레기 같은 말을 했는데 네가 마음속에 그 쓰레기 같은 말을 담아두었다고 하자! 그러면 네 마음이 뭐가 되니? 쓰레기통이 되겠지? 쓰레기통을 비우지 않으면 어떤 일이 생길까? 쓰레기가 썩어서 냄새가 나겠지? 네 친구들이 너한테 쓰레기 같은 말을 하더라도 쓰레기통을 비울 수 있는 건 너야. 네 마음이 쓰레기통이 아니라고 생각하면 비워야지. 컴퓨터도 삭제키가 있단다. 메일함에서도 쓸데없는 메일이 있으면 삭제하고 휴지통 비우기를 하지? 그 모든 것은 네 선택이란다."

수진이가 어리지만 내 말을 잘 알아듣는 것 같았다. 다음 날 학교에서 돌아온 녀석에게 "오늘 학교 어땠니?"라고 물어보니 "엄마, 오늘 학교에서 속으로 계속 되뇌었어. 나는 쓰레기통이 아니다! 나는 쓰레기통이 아니다! 기분 상하게 하는 말을 들을 때마다 그렇게 말하면서 쓰레기통을 다 비워버렸어!" 그 말을 듣고 나는 수진이에게 "야, 너 정말 잘했다" 하면서 칭찬해주었다.

다음 날, 수진이가 학교에서의 이야기를 또 들려주었다. "엄마, 오늘은 어떤 일이 있었는 줄 알아? 내 친구 중에 한 친구가 자존감이 너무 약한 거야. 그래서 애들이 막 놀리니까 자기 자신을 너무 비하해서 이야기하기에 내가 그랬지. 나쁜 말을 들으면 쓰레기를 쓰레기통에 버리듯이 버려! 네 몸은 하나님이 거하시는 거룩한 성전이거든. 그 거룩한 성전에 쓰레기를 담아놓으면 되겠니?" 그런 딸을 보면서 배운 대로 실천해준 딸이 참 고마웠다.

항상 기뻐한다는 것은 우리의 선택인 것이다. 어떤 말을 들었다고 그 말 때문에 속상해할 것이 아니라 말 같지 않은 말은 버려버리면 된다. 속에 갖고 있으면 썩어 문드러져 냄새를 풍기고 말 것이다. 그런 의미에서 교회에서 "시험 들었다"고 말할 때는 부끄러움을 느꼈으면 좋겠다.

마귀 중에 강적인 마귀가 있다. 섭섭이 마귀! 그 마귀는 일하지 않는 사람에게는 오지 않는다. 누군가를 도와줬을 때 아무런 감사의 표현을 못 들으면 마음이 섭섭해질 수 있다. 교회에서 힘써 봉사했는데 아무도 알아주지 않을 때 섭섭해질 수 있다. 그럴 때는 기도해야 한다. "나사렛 예수의 이름으로 명하노니 섭섭이 마귀는 물러갈지어다!"라고 대적기도를 할 수 있어야 한다.

지피지기면 백전백승이다. 우리가 지는 이유는 적을 모르기 때문이다. 그리고 적을 어떻게 공격해야 되는지 모르기 때문이기도 하다.

하나님이 나에게 무기를 주셨는데도 무기를 쓸 줄 몰라서 상처받을 수 있다.

이제는 '항상 기뻐하라'는 말씀을 지킬 수 있겠는가? 모든 것은 우리의 선택에 달려 있다. 무엇을 우리의 기쁨으로 삼을지도 우리의 선택인 것이다.

선교사님, 이것이 궁금합니다!

임은미 선교사와 함께하는 신앙 상담 2

"하나님이 왜 우리에게 어려운 환경을 허락하실까요?"

Q. 하나님은 우리를 사랑하신다면서요? 그런데 왜 우리가 어려움에 처해 있을 때 빨리 해결해주시지 않죠?

A. 주께서 나를 돌보시는 날에 사람들 앞에서 내 부끄러움을 없게 하시려고 이렇게 행하심이라 하더라(눅 1:25).

살다 보면 누구나 한 번쯤 힘든 일을 겪게 마련이다. 어떤 이는 삶이 '고난의 연속'이라고 말하기도 한다. 이처럼 우리가 힘든 일을 겪을 때 하나님의 마음은 어떠실까?

얼른 그 일을 해결하여 우리가 웃고 기뻐하는 모습을 보고 싶어 하실 것이다. 그러나 우리의 어려움이 해결되는 날, 우리 주변의 사람들도 함께 기뻐하고 더 많은 사람에게 '덕과 도움'이 되라고 그 어려운 상황의 '답'을 금방 주시지 않을 수도 있다.

나는 케냐에서 현지인 사역자들과 동역하는데 한번은 그들에게 자기 마음의 소원을 적어보라고 했다. 보통 그들의 '소원 리스트'는 재정에 관한 것이다. 자녀 학비, 식비, 전기세 등 거의 다 돈 문제이다.

나는 그들에게 일주일 내내 이 기도제목을 가지고 기도하자고 말했다. 사실 나는 그들에게 필요한 돈을 그 주에라도 줄 수 있었지만 일부러 한 주 동안 기다렸다. 이유? 그래야 그들이 기도하는 가운데 주님과 더 많은 시간을 보낼 수 있기 때문이다. 그리고 기도하고 난 다음에 마음의 소원이 이루어진 것에 대하여 "아, 주님이 기도에 응답하시는구나" 하고 기뻐할 테니 말이다. 또한 기도 기간이 길수록 그 기쁨도 커질 것이다.

그리고 일주일 후 나는 교역자 회의를 통해 내가 할 수 있는 최선을 다하여서 그들이 필요로 하는 재정적 도움을 주었다. 그들은 매우 기뻐했다.

그들이 기도제목을 내놓았을 때 바로 나의 재정을 풀어 그들을 도와줄 수 있었으나 그들의 믿음의 맷집을 더 탄탄하게 해주고 싶어서 참고 기다린 것처럼, 하나님도 같은 마음을 갖고 계실 것이다. 우리의 기도를 당장 들어주실 수 있어도 **우리의 믿음이 자라는 것을 보시기 위하여, 기도로 더 많은 시간 주님께 나아갈 수 있게 하시기 위하여, '하나님의 가장 완전한 시간'까지 기다리신다.** 그리고 문제가 해결되어 우리와 함께 기도한 사람들이 주님께 더더욱 큰 영광을 돌리게 되는 것을 기뻐하신다.

주님은 우리의 모든 것을 가장 잘 알고 계시는 분이다. 우리는 이 하나님을 끝까지 신뢰해야 한다. 우리 하나님이 '항상 선하신 분'이라는 믿음에는 한 치 양보도 있어서는 안 된다.

환경이 생각보다 빨리 풀리지 않을 때는, 더 많은 사람이 그 환경을 통하여 배우고 익히며, 그 환경이 풀릴 때 더 큰 기쁨을 누리라는 하나님의 큰 뜻이 있는 것을 기억하자.

주께서 나를 돌보시는 날에 내가 사람들 앞에서 부끄러워하지 않게 하시려고 이렇게 행하심이라! 여호와께서 우리를 돌보시는 날이 우리 모두에게 임하는 것이다. 그날이 임하기까지는 절대 불평불만, 낙심할 필요가 없다. 기다리는 동안 쉬지 않고 기도하며 기대하면서 감사하는 것을 절대로 잊지 말자! 그러면 우리 모두가 넘치게 기뻐 감사할 날이 '꼭' 오게 될 것이다.

Knowledge [지식]

For I desire mercy, not sacrifice, and acknowledgment of God rather than burnt offerings_Hosea 6:6

지식, 나는 하나님을 얼마나 아는가

나는 인애를 원하고 제사를 원하지 아니하며 번제보다 하나님을 아는 것을 원하노라 _호 6:6

하나님이 우리에게 원하시는 것은 무엇인가? 하나님을 아는 것이다. 그런데 우리는 정말로 하나님을 알고 있는가? 스스로 생각해봐야 한다. 하나님을 알고 있다면 과연 나는 하나님에 대해 무엇을 얼마만큼 알고 있는가?

이전에 누군가를 좀 도와준 적이 있었다. 그 사람은 나에게 무척이나 고마워했고 고맙다는 말을 잊지 않았다. 뿐만 아니라 만날 때마다 잊지 않고 사랑한다는 말을 해주었다. 어느 날 둘이 만나 이야기를 하게 되었다. 그런데 평소에 나에게 고맙고 사랑한다고 말하던 그 사람이 나에 대해 어떤 이야기를 하는데, 들으면서 '왜 이 사람은 나를 아주 모르는 사람처럼 이야기하지?' 이 사람이 나를 알긴 아는 걸까?'

하는 생각이 들었다. 그런 생각 앞에서 그 사람이 예전에 나에게 해주었던 사랑과 감사의 고백은 모두 의미를 잃게 되었다.

그러면서 하나님과 나의 관계에 대해 생각해보게 되었다. 하나님이 우리에게 환경과 관계를 주신 이유 중 하나는 하나님에 대해서 배우라는 뜻이라고 생각한다.

나를 잘 모르면서도 나에게 사랑하고 고맙다며 말해왔던 그 사람을 대하면서 새삼 느낀 것이 있었다. 우리가 주님 앞에 나와서 아무리 "하나님, 사랑합니다. 찬양합니다"라고 한들 하나님을 잘 모르는 가운데 하는 고백이라면 하나님이 그 고백들을 기뻐하실까?

하나님이 우리에게 무엇인가 좋은 것을 해주신 것 같아서 감사하다고 말하며 사랑한다고 고백하기도 하지만, 생각지 않았던 어려운 일이 닥칠 때 우리가 "하나님, 왜 저한테 이런 일이 일어나게 하시는 거죠?"라고 반응한다면 주님께서 우리에게 "너는 나를 잘 모르는구나!"라는 말씀을 하실 것 같다. 하나님이 우리에게 원하시는 것은 하나님이 누구이신지를 아는 것이다.

그렇다면 우리는 하나님을 알아가는 것에 심혈을 기울여야 하고 그 '앎의 노력'은 매일의 삶 가운데서 하나님과 관계되어야 한다고 생각한다. 테레사 수녀님도 관상(觀想), 즉 신을 직관적으로 인식하고 사랑하는 일은, 누구를 만나든 어떠한 상황에서도 하나님과 연결시키는 것이라는 말씀을 하셨다.

주님을 놀라게 하는 믿음

마태복음 8장에는 어느 백부장 이야기가 나온다. 예수님이 가버나움에 들어가셨을 때 한 백부장이 나와서 자기 하인이 중풍으로 집에 누워 몹시 괴로워하니 고쳐달라는 청을 한다. 예수님은 "내가 가서 고쳐주리라" 말씀하셨는데 그때 백부장은 다음과 같이 대답한다.

주여 내 집에 들어오심을 나는 감당하지 못하겠사오니 다만 말씀으로만 하옵소서 그러면 내 하인이 낫겠사옵나이다 나도 남의 수하에 있는 사람이요 내 아래에도 군사가 있으니 이더러 가라 하면 가고 저더러 오라 하면 오고 내 종더러 이것을 하라 하면 하나이다(마 8:8~9).

예수님이 그 말을 듣고 크게 감동하셔서 "내가 진실로 너희에게 이르노니 이스라엘 중 아무에게서도 이만한 믿음을 보지 못하였노라"(마 8:10)라고 말씀하셨다.

주님을 놀라게 한 믿음이다. 그런데 이 백부장이 "말씀으로만 하십시오"라는 그 믿음을 어디서 얻게 되었을까? 자신의 평소 생활로부터 얻어낸 깨달음이 아니었을까? 자기 수하에 부하들이 있는데 "가라" 하면 가고 "오라" 하면 오더라는 것을 통해 주님의 말씀만으로도 일이 해결될 것이라고 생각했으니, 그는 평상시에 평범히 행하는 일들에 영적인 것을 접목시킬 줄 아는 사람이었던 것이다.

 매사에 주님을 생각하는 사람들에게는 특별히 '영적 생활'이라는 것이 따로 있다기보다는 평범한 것들이나 육적인 경험을 통해서도 영적 깨달음을 자연스럽게 얻게 된다고 생각한다.

 주일에 교회에서 설교말씀 잘 들어 은혜받고 돌아가는 믿음도 주님이 기뻐하시는 믿음이지만, 주일이 아닌 때도 전철이나 버스를 타고 이동하는 중에, 또는 설거지를 하거나 장을 보면서, 어디서든지 하나님에 대하여 배우기를 원하는 사람의 믿음이 주님을 놀라게 해드릴 수 있다고 여겨진다.

하나님에 대한 바른 이미지 갖기

 미국에서 나온 '회복 성경공부 시리즈' 중에 《Recovery from distorted image of God(왜곡된 하나님의 이미지로부터의 회복)》이라는 책자가 있다. 그 책자에서는 많은 사람이 하나님에 대해 가지고 있는 잘못된 이미지를 지적하고 있다. 그중 한 가지는 '하나님의 기대에 부응하기는 어렵다'고 생각하는 것이다. 그러면서 다음과 같은 예를 들어 설명한다.

 어떤 사람이 사다리를 타고 올라가는 중이다. 목표한 곳까지 올라가면 하나님을 만날 수 있으리라 기대하고 올라간 것이다. 다 올라가서 하나님을 붙잡으려고 하는 순간, 하나님이 세 계단 위로 올라가버리셨다. '내가 성경공부를 충분히 못했나? 전도를 잘 못했나?' 반성하며 또 사다리를 타고 올라가서 하나님을 붙잡으려고 하니 하나님은 계신 자리에서 또 세 계단을 올라가셨다.

이것을 좀 더 설명해보자. 하나님을 만나기 위해 하루에 한 시간씩 기도하고 성경책을 다섯 장씩 읽으며 열심히 신앙생활을 했다. 그런데 어느 날 주님께서 그보다 더 노력하길 원하시는 것이다. 그래서 성경을 열 장씩 읽고 두 시간씩 기도했다. 그러면 하나님을 만족시킬 줄 알았는데 하나님이 이번에는 성경을 스무 장씩 읽으라고 하신다. 이러니 어떻게 우리가 주님을 만족시킬 수가 있겠느냐는 것이다.

이러한 잘못된 생각은 어디서 출발하는 것인가? 부모로부터 받는 영향이 크다고 한다. 분명히 B학점을 받아오면 기뻐하실 줄 알았는데 "야, B가 뭐야? A 받아와야지!" 그다음에 A학점을 받아왔더니 "야, 한 과목만 A 받으면 뭐하냐? 전 과목을 A 받아야지!" 갈수록 태산이다.

내가 중고등부 전도사로 사역할 때 어느 학생이 자기는 일부러 공부를 안 한다는 말을 했다. 왜 그러느냐고 물으니 "공부하면 뭐해요? C를 받아가면 엄마는 분명히 B 받아오라고 하실 테고 B 받아가면 A 받아오라고 하실 텐데…." 얼마나 피곤한지 모른다는 것이다. 일찌감

치 C 받고 부모님이 포기하시도록 하는 게 낫다고 한다.

부모들이 이렇게 맞출 수 없는 기대치를 제시하니까 아이들은 스트레스가 쌓인다. 이렇게 자라난 아이들은 하나님에 대해서도 비슷한 생각을 갖게 된다. 하나님을 기쁘시게 하려고 봉사와 헌금, 전도를 열심히 하며 하나님을 만나려고 하지만 그래도 항상 자신은 하나님의 기대에 못 미치는 것 같다고 느끼게 되지 않을까? 잘못된 하나님의 이미지를 갖고 있는 것이다. 하나님은 그런 분이 아니시다.

여호와는 긍휼이 많으시고 은혜로우시며 노하기를 더디 하시고 인자하심이 풍부하시도다 자주 경책하지 아니하시며 노를 영원히 품지 아니하시리로다(시 103:8~9).

우리의 약함을 제일 잘 아시는 분이 하나님이시다. 우리가 진토로 만들어진 것을 알고 계신다. "이는 그가 우리의 체질을 아시며 우리가 단지 먼지뿐임을 기억하심이로다"(시 103:14). 우리는 그분의 기대에 미칠 수 없는 사람들인 것을 하나님은 이미 알고 계신다. 그러니 주님은 우리가 맞출 수 없는 기대를 갖고 계신 분이 아니라는 것이다.

그리고 우리가 하나님에 대해 잘못 알고 있는 또 하나는, 하나님이 우리 인생의 큰 일들만 알기 원하신다고 생각하는 것이다. 교회나 직장에서 큰 성취를 맛보았을 때만 하나님이 기뻐하시리라 생각하고,

작은 일들은 신경 쓰시지 않으리라고 생각하기 때문에 조그만 일들에는 기도하지 않는다는 것이다.

내가 중고등부 전도사로 사역할 때의 일이다. 나는 주일 공과공부 시간보다 훨씬 일찍 가서 아이들이 오기를 기다리는 편이었는데 그날은 어떤 학생이 교회에 아주 일찍 왔다. 공과공부를 시작하려면 아직 많은 시간이 남아 있어서 요즘 학교에서 어떻게 지내는지 물어보게 되었다.

그 아이는 첫사랑에 빠진 남자아이가 있다는 이야기를 해주었다. 열심히 들어주고 난 다음 "너, 그 남자친구 이야기 엄마한테 했니?" 하고 물어봤다. 그러자 그 아이는 "어휴, 전도사님! 어떻게 그런 걸 엄마한테 이야기해요? 큰일나려고요!" 학교 보냈더니 연애만 한다고 분명 혼을 내실 것이라고 했다. 그래서 자기는 엄마에게 절대로 그 말을 못한다고 했다.

그래서 그 아이에게 "얘, 그러면 그 일에 대하여 하나님께 기도해봤니?" 하니까 그 아이가 바로 대답하기를 "어떻게 하나님께 그런 기도를 해요?"라고 말한다. 하긴 엄마한테 말 못하는 내용인데 하나님께 쉽게 말하고 싶은 생각이 있었을까? 하나님은 엄마보다 더 바쁘시고 더 거룩하신 분일 텐데 어린 여학생의 풋사랑에 귀를 기울이시겠는가 말이다.

그러나 그렇게 알고 있는 하나님의 이미지는 올바른 이미지가 아닌 것이다. 내 딸 수진이가 한국 나이로 16살이다. 벌써 첫사랑 경험이 있는 것 같다. 학교 갔다 오면 나는 수진이에게 남자친구와 무슨 이야기가 오고 갔는지 궁금해하고 귀를 쫑긋거리면서 들어준다. 첫사랑을 시작하는 여자아이들 마음이 무슨 생각으로 꽉 차 있을까? 온통 남자친구 생각으로 차 있지 않겠는가? 이렇게 마음에 꽉 찬 이야기를 부모에게 쉽게 건넬 수 있다면 이 아이들은 자라면서 하나님께도 무엇이든 이야기할 수 있을 것이다.

그러나 어렸을 때부터 부모님에게 스스럼 없이 아무 얘기나 할 수 없고 칭찬받을 만한 이야기만 해야 한다고 생각하게 되면 아이들은 신앙생활을 하면서도 하나님이 기뻐하실 만한 내용의 기도만 하는 경향이 생길 것이다. "하나님, 오늘 제가 좋은 일 했는데요"라고는 기도하기 쉬워도 '아휴, 이런 말 하면 혼나지!'라고 생각하는 내용은 기도하지 않을 수 있다는 말이다.

그러나 하나님은 칭찬받을 만한 일에만 귀 기울여주시고 우리가 평범하게 겪고 생각하는 일에 관심을 보여주기에는 너무 바쁘신 분이 아니다. 하나님은 우리의 모든 것에 관심이 있으시다. 시편 139편을 보면 "여호와여 주께서 나를 살펴보셨으므로 나를 아시나이다 주께서 내가 앉고 일어섬을 아시고 멀리서도 나의 생각을 밝히 아시오며"(시 139:1~2)라고 써 있다. 아주 작고 미미한 일에도 신경 쓰시는 하나님이라는 것이다.

만약 교회의 중고등부에 어느 여학생을 좋아하는 남학생이 있다고 가정해보자. 그 여학생이 교회로 들어온다면 그 남학생은 어떻게 하겠는가? 모든 신경이 여학생을 향하게 될 것이다. '어디에 앉을까? 언제 일어서지? 어디 가는 거지? 다시 돌아오나?' 그 아이의 앉고 일어서는 모든 것이 남학생에게 무척이나 관심거리가 될 것이다. 다른 남학생들은 그 여학생이 들어오든 나가든, 일어나든 앉든 전혀 상관하지 않는다. 그러나 그 여학생에게 관심이 있는 남학생에게는 그 여자아이의 미미한 동작 하나하나가 다 큰 관심거리인 것이다.

하나님은 우리 모두를 너무나 사랑하신다. 우리를 향한 그분의 눈길은 떼려야 뗄 수가 없는 것이다. 우리가 교회에 가서 어디에 앉고 언제 일어서며 언제 교회 문을 나가는지, 가는 곳곳마다 우리를 사랑하시는 하나님의 눈길이 우리를 따라다닌다.

하나님의 진심을 알자

인생에서 가장 마음이 아플 때가 언제일까? 소중한 사람이 내 진심을 몰라줄 때인 것 같다. 부모가 자식을 너무나 사랑하는데 자식이 이러한 부모의 마음을 몰라주면 부모 가슴이 찢어진다. 둘도 없이 친하고 서로를 향한 믿음이 있다고 생각했던 친구가 나를 배반하면 가슴이 너무 아프다. 내 진심을 몰라주기 때문이다.

주님께서 십자가에서 돌아가시며 죽기까지 우리를 사랑하신다고 했는데 이 말을 못 믿는 사람, 주님이 용서하실 수 있을까? 주님의 진심을 올바로 이해 못하는 사람은 구원받을 수 없다. 결국 지옥에 갈 수밖에 없는 것이다.

이만큼 진심을 아는 것은 중요하다. 하나님은 우리를 있는 그대로 사랑하신다. 우리의 모든 것에 관심이 있으시다. 그리고 그것을 우리가 알기 원하신다. 자식을 키우면서 하나님 아버지의 마음을 배우듯 우리는 모든 것을 통하여 하나님에 대한 배움에 몰입해야 한다.

여름에 중고등부 아이들을 수양회에 데리고 가면 아이들은 나를 수영장 물에 빠뜨리는 것을 매우 즐거워했다. 수영 못하는 내가 허우적대는 모습이 아이들에게는 꽤 재미있었나 보다.

수영장만 가면 아이들이 나를 물에 빠뜨려서 한번은 이런 생각을 했다. '야, 이 녀석들에게 뭔가 보여줘야 되겠다!' 그리고 YMCA 수영장에 등록을 했다. '아이들이 또 물에 빠뜨리면 아주 유유히 수영하면서 나와야지!'라고 생각하며 수영장을 다니기 시작했는데 남편이 어느 날 내가 어떻게 수영하는지 보겠다고 했다. 그래서 내가 아직까지는 수영을 잘 못하기 때문에 잘하게 될 즈음 와서 보라고 했다. 그래도 남편은 내가 잘하든 못하든 상관없이 보러 오겠다고 했다.

그 후 어느 날 수영 레슨을 받던 중에 수영장을 내려다보는 굉장히 멋있는 남자를 발견하게 되었다. 키가 커다란 남자가 팔짱을 끼고 아래를 내려다보고 있는데 자세히 보니까 내 남편이었다. '우와, 정말 왔구나! 어쩌지? 나 아직 수영을 잘하지 못하는데….' 잘하는 모습을 보여주고 싶었다. 사랑하는 남편이 나를 그윽한 눈으로 바라보고 있으니 어떻게든 남편에게 감동을 주고 싶었다.

몇 미터인지는 기억이 안 나지만 수영장 길이가 꽤 길었다. 숨을 내쉬고 들이마시는 순서도 아직 배우지 않은 때였다. 물에서 헤엄만 치는 수준이었음에도 불구하고 남편이 나를 내려다보는 것을 의식한지라 물 밖으로 고개 한 번 안 내밀고 끝까지 수영했다. 숨 한 번도 안 쉬고 그 긴 수영장을 헤엄쳐서 간 것이다. 반대편에 딱 도착하는 순간 나는 숨이 막혀 죽는 줄 알았다. 사랑하는 남자에게 감동을 주기 위해서 그야말로 죽을 각오로 수영을 하고 나온 것이다.

그러고는 나를 기다리고 있던 남편을 만나 이렇게 말했다. "여보, 내가 말예요. 당신한테 잘 보이려고 그야말로 아직 물 안에서 숨 쉬는 것도 못 배운 채로 수영을 했는데, 물 밖으로 나오면서 문득 시편 139편 말씀이 떠올랐어요! 하나님께서 우리를 사랑하시기 때문에 들어가고 나가고 앉고 일어서는 미미한 동작 하나하나를 다 지켜보신다는 말씀! 나를 내려다보는 당신의 모습을 보니까 그 말씀이 떠오르는 거예요!"

그 말씀과 함께 이런 생각이 들었다. '하나님이 하늘에서 항상 나의 모습을 보고 계시니 그분에게 기쁨이 되어야겠다. 내가 죄를 지으면 하나님이 싫어하시니까 죄짓지 말자. 어떻게 하면 하나님께 감동이 될까?' 그리고 바로 이어서 든 생각이 '아, 이것이 바로 죄를 짓지 않는 올바르고 건강한 동기가 되는구나' 하는 깨달음이었다.

내가 아는 하나님

나는 어떤 상황에서도 하나님이 우리를 하나님에 대한 '앎'으로 인도해주시는 것을 기뻐하신다고 믿는다. 우리는 끊임없이 주님과 대화하면서 하나님께서 알려주기 원하시는 그분의 모습을 더 깊이 배워갈 수 있을 것이다.

일상생활에서 대화하듯 주님께 수시로 기도하고 사소한 일들도 그대로 하나님께 말씀드리는 것을 하나님께서는 좋아하신다. 하나님은 에덴동산에서 아담과 하와가 선악과를 따 먹었을 때 "아담아, 아담아, 네가 어디 있느냐?" 하고 물으셨다. 전지전능하신 하나님이신데 아담이 어디 있는지 모르셔서 그렇게 물으셨겠는가? "내가 숨었나이다." "네가 왜 숨었느냐?" 아담이 왜 숨었는지 다 아심에도 불구하고 하나님은 물어보셨다. 하나님은 대화를 원하셨던 것이다. "네가 아무리 죄 중에 빠져 있더라도 내게 무엇이든 말하거라!"

하나님은 우리와 늘 대화하기를 원하신다. 하나님과의 일대일 관계에 대한 중요성은 아무리 강조해도 지나치지 않다. 하나님은 우리가 그분을 잘 알기를 원하신다. 하나님을 인격적으로, 그리고 개인적으로 만나야 한다. 자신이 다니는 교회의 목사님이 아는 하나님이 아니라 '내가 아는 하나님'이 있어야 한다. 당신은 어떠한 하나님을 경험했는가? 이 하나님을 남들에게 말할 수 있어야 한다.

Language [언어]

But among you there must not be even a hint of sexual immorality, or of any kind of impurity, or of greed, because these are improper for God's holy people. Nor should there be obscenity, foolish talk or coarse joking, which are out of place, but rather thanksgiving_Ephesians 5:3~4

언어, 하나님이 기뻐하시는 말은?

> 음행과 온갖 더러운 것과 탐욕은 너희 중에서 그 이름조차도 부르지 말라 이는 성도에게 마땅한 바니라 누추함과 어리석은 말이나 희롱의 말이 마땅치 아니하니 오히려 감사하는 말을 하라 _엡 5:3~4

언어라는 것은 우리가 매일같이 사용하는 말이다. 그렇다면 우리가 사용하는 언어는 올바른 언어들인가? 에베소서 5장 3절을 보면 '음행'이라는 표현이 나온다. 그런데 영어성경에는 "even a hint of sexual immorality"라고 표현되어 있다. 즉, '성적으로 부도덕하게 만들 수 있는 힌트를 내재하는 말'이라고 할 수 있겠다. 음행을 하고 싶어지는 유혹의 미끼가 되는 말조차 쓰지 말라는 말씀인 것이다.

사실 이 부분에 대해 글로 옮길 때는 조금 망설였다. 글과 설교에 영향력이 있으려면 물론 위로부터 내려오는 하나님의 기름부으심이 필요하지만, 그 일을 맡은 사람들이 글로 쓰고 말하는 바를 그대로 실천하고 살아야 더 큰 영향력이 있다고 믿기 때문이다.

올바른 언어의 사용

　그래서 생각해봤다. 나는 과연 음행을 유발하는 언어를 사용하지 말라는 말을 자신 있게 할 수 있는 사람인가? 나는 재미교포로 고등학교 3학년 10월, 졸업을 얼마 남겨두지 않고 미국으로 가게 되었다. 여고 3학년, 한창 감수성 예민하고 꿈에 부풀어 있을 때였다. 나는 중학교 다닐 때부터 책 읽는 것을 좋아하는 문학소녀였다. 특히 연애소설을 좋아했던 기억이 난다. 연애소설을 읽으면서 '나도 크면 이렇게 사랑해야지!' 하고 꿈꾸기도 했다.
　그렇게 꿈 많은 소녀가 한국에 살다가 미국이란 곳을 갔는데 그곳에서도 마냥 '꿈만 꾸는 낭만 소녀'로 살 수 있었겠는가? 다른 건 꿈도 꾸지 못하고 일단 영어부터 배워야 했다.
　이민 간 사람들은 세월이 지나도 정신적 나이는 이민을 떠난 그 나이에 머무른다는 글을 읽은 적이 있다. 모두 그렇지는 않겠지만 나 같은 경우는 누가 나에게 나이를 물으면 항상 마음속에 먼저 떠오르는 나이가 바로 이민 간 당시의 나이다. 그러면 지금 내 나이가 한국 나이로 마흔일곱이라도 정신연령은 열여덟 살이라고 할 수 있겠지?

사람들은 선교사인 나를 만나면 좋은 곳에서 대접해주려고 한다. 참으로 감사한 일이다. 그런데 나에게 무엇을 먹고 싶냐고 물어보면 제일 먼저 떠오르는 것이 '오뎅, 떡볶이, 쫄면'이다. 여고 시절에 즐겨 먹던 음식인 것이다.

한국 오면 꼭 가고 싶은 곳이 문방구이다. 여고 시절 일기 쓸 때 즐겨 쓰던 까만색 플러스 펜이나 예쁜 샤프, 공책들이 가득 찬 문방구에 가면 시간 가는 줄 모른다. 그렇다면 내 정신 연령은 정말 열여덟 살에 머무르고 있는 것 아닐까?

이런 내가 쓰고 싶었지만 못 쓴 한국 단어들이 있다. '그대'라는 말, '당신'이라는 말! '언젠가 어른이 되면 써야지' 하고 꿈꾸었던 단어들을 미처 사용해보지 못한 채 미국으로 간 것이다.

그리고 세월이 흐른 후 미국인 남편을 만나 결혼하게 되었다. 남편은 패션모델 출신이어서 키도 192센티미터에 근육도 멋있고, 성격도 좋고, 예수 그리스도의 영성을 참으로 많이 닮은 사람이다. 그 어느 것 하나 남편감으로 흠 잡을 것이 없다.

이렇게 훌륭한 남편을 만나서 살고 있지만 한 가지 부족한 것이 있다면 한국말을 못한다는 것이다. 남편이 한국말을 아주 모르는 것은 아니지만 주로 영어로만 대화하다 보니 한국어로는 감성적인 언어를 주고 받는 수준이 못된다.

그러니 내가 남편에게 '그대'라고 말할 수 있겠는가, '당신'이라고 말할 수 있겠는가? 그래서 나는 남편 아닌 사람들에게도 '그대'라는 말을 자주 쓰게 되었다. 나는 선교사로서 매달 초에 '기도편지'를 쓰는데 기도편지 서문에도 항상 "사랑하는 그대에게!"라는 표현을 사용한다.

그런데 '그대'라는 말을 한편 조심 없이 썼더니 오해받는 일도 꽤 생겼다. 어느 장로님에게 선교편지를 보내면서 "그대여"라는 말을 사용했다가 그분 사모님이 화가 났던 일도 있고, 어느 한의사에게 치료 받으면서 질문하던 중 나도 모르게 버릇처럼 "그대여"라고 했다가 원장 사모님으로부터 추궁을 받기도 했다. 이처럼 내가 좋아하는 "그대여"라는 한마디 때문에 곱지 않은 시선을 받은 경우가 꽤 있다. 그래서 요즘은 조심스럽게 그 말을 아껴 쓰긴 하지만, 내가 이 단어를 쓰는 용도가 건전하다는 것을 아는 사람들에게는 아직도 즐겨 쓴다.

내가 아무리 좋아하는 말이라 해도 이것이 누군가가 음행하게 만드는 도구가 된다면, 쓰지 않아야 한다. 즉, 내 말이 잘못 이해될 가능성이 있는 사람들에게는 쓰지 말아야 한다는 것이다. 성경에서 제시하는 도덕 수준은 참 높다고 말할 수 있다. 슬쩍 넘어갈 수 있는 언어에 대해서도 올바른 마음에서 우러나오는 올바른 언어 선택의 수준을 말씀해주시니 말이다.

그렇다면 교회에서 남자 집사님이 여자 집사님에게 "어이, 김 집사! 오늘 굉장히 섹시해 보이는데!" 같은 말도 성경적으로는 하지 말아야 하는 언어가 될 것이고, 직장이나 교회에서 성적 농담을 하는 것도 그리스도인들에게는 옳지 않다는 가르침을 주는 것이다.

빈말은 해도 될까?

참되고 신실한 성도로 살아간다는 것이 쉽지는 않다. 그러나 하나님은 우리에게 최고의 표본과 모범을 알려주신다. 성도가 거짓말하는 것은 당연히 마땅치 않을 것이고, 빈말하는 것은 어떤가?

내가 한국을 방문하러 나오기 시작했을 때 대화하면서 힘들었던 것이 있다. 사람들이 듣기 좋으라고 하는 빈말을 못 알아들었던 것이다. 나에게 "임 선교사, 점심 같이 해!" 그러면 나는 점심을 같이 먹는 줄 알고 수첩을 꺼내 "언제요?" 하고 스케줄을 체크한다. 그런데 그 사람은 그냥 지나가는 말로 한 것이었다. 이러한 일들이 적응이 안 되었다. 그리고 의아했다. 왜 밥을 같이 먹지도 않을 거면서 밥 먹자고 하는 걸까? 물론 이제는 이전보다 그런 말을 많이 알아듣기도 하고 '사람이 빈말은 뭐하러 해!' 했던 예전과는 달리 '말이라도 고맙지 뭐!'라고 생각한다.

그래도 나 스스로는 빈말하는 것을 좋아하지 않는다. 한번은 이런 일이 있었다. 나를 파송한 교회에서 나에게 단기 선교사를 1년간 파견할 테니 잘 훈련시켜달라고 했다. 즉, 1년 동안 맡아서 숙식을 함께 해주라는 이야기였다.

내 남편은 앞에서 말한 것처럼 미국 사람이다. 한국 음식을 좋아하긴 하지만 우리 집에서 매일 한국 음식을 먹는 것은 아니다. 그런데 한국 남자가 우리 집에 온다는 것은 나더러 한국 음식을 만들어주면서 1년 동안 함께 살라는 이야기 아닌가? 그러다 보니 선교사로 파송되어 우리 집에 오게 되는 사람에게 "환영합니다. 어서오세요!"라고 말해야 하는데 그 말을 할 수가 없었다. 진심이 아닌데 어떻게 환영한다고 빈말을 하지? 그렇다고 환영하지 않을 수도 없지 않은가?

그래서 기도했다. "주님, 사람이 오는데 환영을 해야죠. 하지만 환영한다는 말이 도저히 나오지 않습니다. 제가 빈말하기 싫어하는 거 주님 아시죠? 이 말이 빈말이 아닐 수 있도록 주님 나를 도와주세요." 3일 동안 기도했던 것 같다. 기도하는 동안, 하나님께서 후배를 사랑하는 마음과 후배 양육이 필요하다는 생각을 주셨다.

그래서 그분에게 이메일을 썼다. "환영합니다! 어서 오시지요. 모든 것이 준비되어 있습니다." 빈말이 아니라 진심이었던 것이다. 3일 동안 기도하고 얻어낸 진심 어린 말이었다.

나는 사람이 평소에 거짓말하지 않고 빈말하는 습관이 없어야 진실을 선포할 때 능력이 나간다고 믿는다. 평상시 빈말을 습관처럼 하고 거짓말하는 사람들은, 《이솝 이야기》의 '양치기 소년'처럼 진실을 말할 때도 사람들이 믿어주지 않게 된다.

누추한 말은 하지 말자

우리는 언어를 잘 선택하여 사용해야 한다. 성경은 "누추한 말"을 하지 말라고 했는데 '누추한 언어'는 과연 어떤 언어일까? '자기 자신을 비하하는 말'이 아닐까? 자신에 대해 이렇게 표현할 때가 있는가? "나는 지지리 궁상이야! 내가 하는 건 제대로 되는 일이 없어!" "나는 왜 이렇게 못생겼을까?" "왜 나는 누구누구처럼 그렇게 못하지?" 이런 말들은 모두 자기비하의 누추한 말들인 것이다.

하나님은 우리를 그분의 형상대로 만드셨다. 그런데 우리가 자신에 대해 누추한 표현을 한다면 우리를 만드신 하나님 마음이 좋으실까? 누추한 말은 곧 우리를 '걸작품'으로 만드신 하나님의 마음을 아프게 하는 말이다. 따라서 하나님을 사랑한다고 고백하는 사람들은 그런 말을 사용하면 안 된다.

요즘 우울증에 시달리는 사람이 많다. 예수님 잘 믿는 사람들도 우울증에 걸릴 수 있다고 생각한다. 우울증의 원인은 사람마다 다를 것이다. 그렇게 다양한 원인들을 쉽게 단순화하여 말하고 싶은 생각은 없다. 그러나 자기 자신을 누추하게 표현하지만 않아도 많은 사람이 우울증에서 탈출할 수 있을 것 같다. 자신을 귀하게 여기며 주어진 삶에 감사하는 사람들은 우울증에 쉽게 걸리지 않을 것이다.

성경에서는 누추한 말, 어리석은 말을 하지 말고 돌이켜 감사하는 말을 하라고 했다. 어떠한 상황에서 불평하고 싶다면, 이 불평을 어떻게 감사로 돌릴 수 있을지부터 생각해보는 것이 습관이 되면 좋겠다.

나는 멘토링 사역을 하고 있는데, 예전 내 멘티 중에 오스트리아에서 지휘를 공부하는 학생이 있었다. 그 학생은 자기 스스로 얼굴이 크다고 생각했다. 하지만 내가 보기에 그 학생은 예쁘기만 했고 얼굴도 사실 크게 보이지 않았다. 그래도 그에게는 큰 얼굴이 콤플렉스였나 보다.

그런데 그 학생이 하루는 자신의 얼굴이 큰 것을 불평만 할 것이 아니라 돌이켜 감사하려면 어떻게 해야 할지 생각해보았다고 한다. 그리고 이런 말을 했다.

"저는 동양인이라서 서양인들보다 몸이 왜소하고 날씬합니다. 그런데 사람들이 공연을 관람할 때 비싼 돈 내고 앞자리에 앉지 않으면 지휘자 얼굴 보기가 힘듭니다. 그러니 지휘자의 얼굴이라도 커야 얼굴을 볼 수 있지 않겠습니까? 저는 하나님께서 '지휘자용'으로 만드셔서 얼굴이 이렇게 큰 것입니다. 얼마나 감사한 일입니까?"

우리의 삶에는 이렇게 '돌이켜' 생각하면 감사할 일들이 한두 가지가 아닐 것이다. 하나님이 우리에게 원치 않으시는 언어들을 삼가고 하나님께서 원하시는 언어들을 선택하면서 그분을 기쁘게 해드리는 삶을 살기 원한다.

Money [돈]

"No servant can serve two masters. Either he will hate the one and love the other, or he will be devoted to the one and despise the other. You cannot serve both God and Money."_ Luke 16:13

돈, 하나님 잘 섬기라고 주신 선물

집 하인이 두 주인을 섬길 수 없나니 혹 이를 미워하고 저를 사랑하거나 혹 이를 중히 여기고 저를 경히 여길 것임이니라 너희는 하나님과 재물을 겸하여 섬길 수 없느니라 _눅 16:13

나는 선교지에 와서 참으로 많은 것을 배웠다. '돈'에 대한 것 역시 선교지에 온 지 얼마 안 되어 배운 것 중 하나이다. 나는 워싱턴 순복음제일교회에서 교육 전도사로 사역하다가 1994년도에 케냐로 오게 되었다. 3개월 즈음 지났을까? 갖고 온 돈이 모두 바닥이 났다. 선교사가 된 지 얼마 안 되어서 후원자들이 많이 있을 리 없었다. 그야말로 신참 선교사로 선교지의 문화 및 지리, 사람 등 아주 기본적인 삶의 여건들에 적응하는 법을 배워가는 시간들이었다.

선교지는 돈이 없다고 해서 돈을 쉽게 빌릴 수 있는 곳이 아닌 것 같았다. 물론 돈을 빌릴 생각은 없었지만 그래도 돈이 너무 없다는 생각에 비참하고 처량하다는 생각까지 들었다.

나는 저녁이 되면 동네를 돌면서 기도하는 습관이 있다. 그날도 여느 때와 다름없이 동네를 돌며 기도했는데 기도가 거의 '신파극' 수준이었다. 내일 무엇을 먹을지부터 걱정해야 할 정도이니 야속하다는 생각이 스멀스멀 기어들어왔다. '아니, 교육 전도사가 선교사로 갔으면, 교회 내에 부서도 많으니 선교헌금 좀 걷어서 보내주면 안 되나? 그리고 선교지에 간 지 얼마 안 되었으니 편지도 좀 써서 보내주면 안 되나?' 하는 생각이 들었다. 그리고 '도대체 내 친구가 몇 명인데, 한 명당 20달러씩만 보내도 10명이면 200달러 아닌가?' 하는 생각이 들어서 입이 잔뜩 나와 구시렁구시렁 불평조의 기도를 하고 있었다.

그때 성령님께서 이렇게 말씀하셨다. "얘, 사람은 사랑의 대상이지 기대의 대상이 아니란다. 그들이 너를 보내놓고 얼마나 기도하는지 아니? 그 기도를 돈으로 바꿀 수 있다고 생각하니? 네가 받은 사랑이 얼마나 많은데, 돈 좀 없다고 받은 사랑도 잊어버리고 야속하다고 생각하면 되겠니?"

성령님이 그런 이야기를 마음에 들려주시니 '아! 그렇구나. 맞아! 내가 받은 사랑이 얼마나 많은데 내가 지금 이렇게 구시렁거리면 되겠는가? 안 되지 안 돼! 주님, 잘못했습니다. 사람은 기대의 대상이 아닙니다. 사랑의 대상이 맞습니다. 그리고 저는 받은 사랑이 정말 많은 사람입니다. 지금도 많은 사람이 저를 위해 기도해주고 있을 것입니다. 제가 잘못했습니다. 그리고 감사합니다. 받은 사랑 감사하고, 받는 기도 감사하고, 모든 것이 정말 감사합니다' 하는 기도가 저절로 나왔다.

나는 그날 신파극처럼 올려드린 기도에 대해 회개했고 다음 날 아침을 맞이하였다. 우체국에 갔더니 편지가 와 있었다. 내가 사역했던 워싱턴 순복음제일교회에서 온 편지였다. 편지를 열어보니 우편환(money order) 300달러와 편지가 들어 있었다. "전도사님! 어떻게 지내세요? 선교지 가신 지 얼마 안 되었는데 고생스러운 일은 없는지요? 저희도 전도사님 위해서 기도하고 있습니다."

그 편지를 읽고 눈물이 뚝뚝 떨어졌다. 마치 어제 내가 했던 신파극 기도를 듣고 편지를 보낸 듯, 내가 받고 싶어 했던 내용 그대로의 편지가 들어 있었던 것이다. 그리고 처음에는 300달러만 있는 줄 알았는데 그 안에 300달러짜리 우편환이 2개 더 접혀 있는 것이었다. 총 900달러의 헌금이 들어온 것이다.

그 헌금을 보면서 감사하여 눈물이 났고, 한편으로는 주님께 죄송한 마음에서도 눈물이 났다. 자꾸자꾸 흐르는 눈물을 닦으며 이런 생각이 들었다. '아휴, 이렇게 돈이 올 줄 알았더라면 어제 입술로 그렇게 오두방정 떠는 게 아니었는데…. 주님께 큰딸처럼 좀 의젓하게 기도할걸!'

돈에 대한 첫 번째 레슨이었다. 돈에 대해서 사람을 의지하지 말고 하나님을 의지해야 한다는 것, 하나님은 사람을 '공급의 통로'로 사용하신다는 것, 하나님 앞에서 돈 때문에 불평하면 안 된다는 것을 배웠다.

십일조 훈련

하나님이 우리에게 '관계'를 주신 것은 주어진 관계를 통하여 하나님에 대해 배우라는 뜻임을 알고 있다.

케냐에 와서 미국에서와는 다른 관계를 맺은 것이 있다면 '고용주와 고용인의 관계'이다. 케냐에는 세탁기나 청소기가 있는 것도 아니어서 집안일에 너무나 많은 시간을 소요하기 때문에 집에 일하는 사람을 두고 있다.

우리 집에서 일하는 사람의 이름은 나오미인데 어느 날 내가 그녀에게 십일조를 하느냐고 물어봤다. 안 한다고 하기에 내가 말했다. "내가 선교사인데 당신이 우리 집에서 일하면서 십일조를 안 한다면 선교사인 내 이미지에 지장이 있어요. 내가 어떻게 가르쳤기에 집에서 일하는 사람이 십일조도 안 내냐는 소리를 듣게 될 거예요. 그러니 십일조를 내면 좋겠어요." 나오미가 다음 주에는 십일조를 내겠다고 했다. 그 말을 들으면서 나는 '나오미가 십일조를 내면 보너스를 줘야지' 하고 생각했다.

다음 주에 나오미에게 물어보니 십일조를 냈다고 했다. 나는 내 말을 들어준 나오미가 고마워서 준비한 보너스를 나오미에게 주었다. 지금 그 금액이 확실히 기억나지는 않지만 적어도 나오미가 낸 십일조의 10배는 되는 돈이었다고 기억한다. 그러자 나오미는 매우 놀라면서 고마워했다.

나오미가 안 내던 십일조를 낼 때 망설이지 않았겠는가? 월급도 적은데 십일조를 떼어야 한다니 많이 갈등하지 않았겠는가? 하지만 그 돈을 냈더니 주인이 자신의 한 달 월급과 맞먹는 거금을 보너스로 준 것이다. 나는 이 일을 통해 재정에 대한 하나님의 마음이 어떠한 것인지를 배웠다. 하나님이 내 십일조를 필요로 하시겠는가? 하나님께 내 돈은 필요하지 않다. 그러나 내가 하나님께서 세워놓으신 기준을 잘 맞추면 하나님께서 내가 낸 십일조보다 더 많은 보너스를 주신다는 것이다.

하나님의 마음을 알아야 한다. 하나님께서 설마 쩨쩨하게 "너, 십일조 내! 그거 내 거야!" 하시겠는가? 하나님은 우리에게 재정적인 복을 주기 원하신다. 그러나 그 복을 아무에게나 주고 싶지는 않으실 것이다. 따라서 십일조나 다른 종류의 헌금들은 모두 주님의 재정을 맡기기에 합당한 종인가 아닌가를 시험해볼 수 있는 도구가 된다는 것을 배우게 되었다.

올바른 섬김의 자세

선교사가 된 후 맺게 된 관계 중 하나는 '선교 후원자'와의 만남이다. 선교사가 아닐 때는 내가 돈을 벌어서 나의 필요를 채우는 것이 당연한 일이었지만 선교사가 되고 보니 나를 위해 필요한 돈이 아니라 선교지에서의 사역에 필요한 재정이 모여야 하는 것이다. 그러니 선교대회 참석차 한국이나 미국에 들르게 되면 물질로 후원해주시는 분들을 만나게 된다. 그래서 선교지에서 나오면 어떤 분들에게는 꼭 연락을 하게 된다. 그것은 한편 선교헌금을 받기 위해 만나겠다는 이야기도 된다. 물론 모든 분이 다 그런 것은 아니지만 정기적으로 선교헌금을 주기 위해 연락하시는 분들이 있다.

한번은 그런 후원자를 만나러 시간 약속을 하고 찾아갔다. 대화를 나눈 후 집으로 돌아갈 즈음 그분이 나에게 "선교사님, 이번에는 평소보다 조금 늦게 오셔서 그동안 모아두었던 선교헌금을 먼저 오신 다른 선교사님께 드렸어요. 어쩌죠? 다음에 준비해서 드리겠습니다"라고 말씀하셨다.

내가 뭐라고 답을 하겠는가? 당연히 괜찮다고 말했다. 그리고 기도해주셔서 늘 감사하다고 말하고 그 집을 나왔다. 그런데 기분이 아주 묘한 것이었다. 내가 그분을 만난 이유는 선교헌금 후원 때문이었는데, 그것을 그분도 아는데, 선교헌금이 준비되지 않았으면 그냥 전화로 말씀하셔도 될걸 왜 집까지 오게 하셨을까? 선교헌금을 기대하게 만들고는 헌금이 없어서 미안하다고 하시다니….

물론 이해할 수는 있다. 꼭 헌금 때문에 선교사를 만나는 것은 아니니까 준비된 선교헌금이 없어도 만나서 교제하고 서로 기도해주며 시간을 보낼 수도 있지 않겠는가? 내가 선교사가 되었다고 해서 나를 만나는 사람들이 모두 선교헌금을 준비하고 나를 만나는가? 그렇지 않다. 내가 사람들을 만날 때마다 선교헌금을 받을 것이라고 기대하며 헌금을 주지 않는 사람들과의 만남은 '영양가 없는 만남'이라고 생각하는 것도 아니다. 그러나 이번 경우에는 하나님께서 나에게 무엇인가를 가르치신다는 느낌이 들었다.

그 집을 나오면서 주님께 여쭈었다. "주님! 세상에 우연히 일어나는 일은 없다고 생각합니다. 왜 이런 일을 경험하게 하시는지요? 제 기분이 아주 묘합니다. 마치 거지 같은 기분이 들어요. 제가 이분께 구걸이라도 하러 온 사람 같은 그런 기분 말이죠. 저는 선교사가 거지라는 생각은 하지 않습니다. 나를 위한 돈을 걷으러 다니는 것도 아니고 남을 섬기기 위해 필요한 돈을 후원받는 것인데, 오늘 같은 날은 왠지 내가 거지처럼 구걸하러 왔나 하는 생각을 갖게 됩니다. 주님, 왜 이런 일을 제게 허락하셨는지요?"

성령님이 나에게 말씀하셨다. "유니스, 기분이 안 좋지? 네가 선교지를 떠나오면 선교헌금을 후원받는 사람이지만 선교지로 돌아가면 이렇게 받아 간 돈을 현지인들에게 주는 자리에 서게 되잖니? 네가 그들을 재정적으로 도울 때 어떤 태도를 가지면 좋을까? 너, 오늘 선교헌금 후원받으러 와서 기대했던 헌금은 받지 못하고 구걸하러 온 것 같은 기분이라 싫지? 네가 선교지에서 너에게 도움을 구하러 오는 현지인들을 어떤 태도로 대하면 좋겠다는 생각이 드니? 그들을 거지같이 대우하면 좋을까? '또 나한테 뭐 얻으러 왔구나' 하는 생각으로 그들을 대하면 좋을까? 받는 사람의 자리에서는 주는 사람이 어떻게 물질을 주면 마음이 편할까? 그런 것을 느껴보라고 내가 허락한 상황이란다. 물질을 받아서 나눠줄 때 받는 사람의 마음을 배려할 줄 아는 사람이 되라고 내가 설정해준 환경이야. 선교지에 돌아가거든 물질로 섬기는 시간에 오늘 배운 것을 기억하렴!"

 나는 그 일 이후로 내가 물질로 섬겨야 하는 현지인들에게 주는 자로서 어떠한 태도를 보여야 주님께서 기뻐하실지 생각해보게 되었다. 돈은 이웃을 섬기는 데 사용되는 것이므로 이럴 때 어떤 자세가 주님을 가장 기쁘게 하는 '섬김의 자세'일지 나 자신이 겪은 마음을 통해서 배우게 된 것이다.

돈에 대한 건강한 인식

선교지에서 한번은 이런 일이 있었다. 현지인 중 한 사람이 마타투(마을버스) 운전사였는데, 하루는 그 마타투가 고장이 난 것이다. 마타투를 운전해야 한 달 생활비가 나오는데 차가 고장났으니 큰일이었다. 차 수리비는 1천 달러가량이었고 현지인들에게 그만한 돈은 굉장히 큰 돈이었다. 남편과 나에게도 그 돈은 작은 돈이 아니었지만 그 사람을 돕기 위해 수리비를 주었다.

나중에 들은 바로는 그 부부가 너무 고마워서 그날 밤새도록 우리를 위하여 축복기도를 했다는 것이다. 그 말을 전해 들으면서 이런 생각이 들었다. '기도할 때마다 그 기도가 응답되려면 채워져야 하는 기도의 분량이 있겠구나.' 예를 들어 '기도'라는 유리병이 있다고 가정해보자. 내 기도가 채워지고 채워져서 그 병의 마지막 부분, 즉 주둥이 부분까지 차서 '기도 응답'이 이루어진다면 그것은 꼭 내가 드리는 기도로만 채운 것은 아닐 수도 있다는 것이다. 내가 베푼 선으로 인하여 누군가가 나를 위해 감사하는 마음으로 축복기도를 해줄 때 '기도 응답의 분량'이 다 찰 수도 있겠다는 생각이 들었다.

성경은 우리에게 두 주인을 섬기지 말라고 한다. 우리는 하나님과 돈을 동시에 섬길 수 없다. 하나님 한 분만 섬겨야 한다. 그리고 하나님을 잘 섬기기 위한 섬김의 도구가 바로 돈이라는 생각을 해본다.

마가복음 10장에는 부자 청년의 이야기가 나온다. 그는 예수님께 다음과 같이 질문한다. "내가 무엇을 하여야 영생을 얻으리이까?" 이 땅의 것을 떠나 하늘의 것에 대한 질문을 할 수 있었던 그는 분명 '영성 있는 젊은이'였을 것이다. 그러한 그에게 예수님은 "네가 계명을 아나니 살인하지 말라, 간음하지 말라, 도둑질하지 말라, 거짓 증언하지 말라, 속여 빼앗지 말라, 네 부모를 공경하라 하였느니라"(막 10:19) 하고 대답하신다.

그때 그 청년은 대답한다. "이것은 내가 어려서부터 다 지키었나이다." 그러자 예수께서 대답하신다. "네게 아직도 한 가지 부족한 것이 있으니 가서 네게 있는 것을 다 팔아 가난한 자들에게 주라 그리하면 하늘에서 보화가 네게 있으리라 그리고 와서 나를 따르라 하시니"(막 10:21).

그 청년은 고민이 많아졌다. 재산이 너무 많은 것이다. 그는 결국 슬픈 얼굴을 하고 주님을 떠난다. 많은 재산을 버리지 못해 주님 곁을 떠나게 된 그 청년을 보면서, 그가 주님의 말씀을 잘 이해하지 못했다는 생각을 했다. "네가 네 모든 것을 팔고 나를 따르면 내 모든 것이 네 것이 된단다!" 하시는 주님의 말뜻을 그는 알지 못했던 것이다.

자신이 가진 물질로 하나님을 섬기는 일이 버겁다고 느껴지는가? 우리의 모든 것을 주님께 드리면 주님의 것이 다 우리 것이 된다. 우리가 가지고 있으면 얼마나 갖고 있겠는가. 이 땅과 하늘의 주인이신 주님의 것이 다 내 것이 된다면 누가 이익인가?

   돈에 대한 건강한 인식이 필요하다. 돈을 섬기려고 하지 말고, 돈을 도구로 삼아 하나님을 잘 섬기도록 해야 한다.

No one but Jesus [오직예수]

Whom have I in heaven but you? And earth has nothing I desire besides you_Psalms 73:25

오직 예수, 그분만으로 만족하는 삶

하늘에서는 주 외에 누가 내게 있으리요 땅에서는 주 밖에 내가 사모할 이 없나이다_시 73:25

행복을 마다하는 사람은 없을 것이다. 행복하다는 것은 만족한다는 것과 동의어라고 볼 수 있다. 당신은 삶에서 '참 만족'을 느끼고 있는가? 만족을 누릴 수 있는 비결이 있는가?

워치만 니는 이렇게 말했다. "당신이 예수님 한 분으로 만족하지 못한다면 인생의 어느 것도 당신을 만족시킬 수 없다." 이 말은 예수님 한 분으로 만족할 수 있다면 어디에서 어떻게 살아도 만족할 수 있다는 이야기이다.

사람들은 부나 명예, 학위를 얻으면 만족해지리라 생각하여 그런 것들을 열심히 좇는다. 그러나 그러한 것들을 얻은 사람들의 이야기를 들어보면 그다지 만족을 누리지 못했다는 것을 알 수 있다. 반면에 그런 것을 좇지 않은 사람들은 자기 삶에 만족한다고 자신 있게 말하는 것을 듣기도 한다. 당신은 어떤 것을 좇으며 살고 있는가? 그리고 무엇으로 만족을 얻는가?

하나님은 우리에게 많은 복을 주셨다. 그중 하나로, 가족, 친구, 이웃 등과의 '관계의 복'을 허락하셨다. 그러나 그 누구 하나 '절대적인 만족'의 대상이 되어줄 수는 없다. 하나님이 우리에게 복으로 주신 것은 복 그 자체이다. 따라서 주신 복에 대해 감사해야 하는 것이지 그 복을 '절대적인 존재'로 우상시해서는 안 된다. 남편을 아무리 사랑한다 해도 남편 없이 못 산다는 고백은 건강한 고백이라고 할 수 없는 것이다.

그러나 우리는 "주님 없이는 못 산다"는 고백은 해야 한다. 주님은 '절대적 사랑의 대상'이기 때문이다. 우리가 살아가면서 "나는 정말로 하나님 한 분만으로도 만족합니다"라는 고백을 할 수 있다면 그 사람은 인생에서 성공한 것이다. 주님 한 분으로도 만족하는데 가족, 친구, 이웃까지 받았으니 모든 것이 복이라고 여기게 되지 않겠는가? 만족은 더 큰 만족을 낳을 수밖에 없으니 이런 것을 성공이라고 말할 수 있을 것이다.

하나님으로 인한 만족

내가 선교지에서 건강하게 사는 노하우 중 하나는, 나에게 칭찬, 사랑 고백, 위로, 격려, 감사의 글을 보내온 메일들을 인쇄하여 방의 벽에 붙여놓는 것이다. 마음에 감동이 진하게 남는 그 글들을 볼 때마다 나는 행복해지며 새 힘을 얻는다.

어느 날 내 멘티 중 한 사람에게 어떤 심부름을 시켰는데 "하늘의 별이라도 따오겠나이다. 말씀만 하옵소서, 멘토님!" 하는 내용의 메일을 보내왔다. 이런 글은 한마디로 나를 '뿅 가게' 한다.

그 외에도 나는 참으로 많은 사람에게 넘치는 사랑 고백과 감사의 말들을 받았다. 나를 본받고 싶다는 사람들도 많고, 내가 그들의 삶에 어떠한 영향을 미쳤는지, 자기 인생에서 내가 얼마나 소중한지를 표현한 글들을 많이 받았다.

그래서 마음이 가라앉는 날, 도망 가고 싶은 날, 다 그만두고 싶은 날은 벽에 도배된 글들을 다시 한 번 읽어본다. 그러고는 '그래, 나는 괜찮은 선교사야. 그럼, 그렇고 말고. 이렇게 많은 사람이 나를 사랑한다 하잖아. 나에게 고맙다고 하잖아. 힘내라고 하잖아. 나는 할 수 있어! 아멘! 아자, 아자, 유니스 파이팅!' 하면서 나 자신을 추스른다. 이렇게 선교지에서 '생존의 도구'로 받은 격려의 글들을 의지했던 것이다.

그러다가 벽에 도배되어 있는 그 '기쁨들'을 어느 날 모두 떼어버렸다. 그것이 주님께 더 가까이 나아가는 길이 되기보다는 때로 나를 '자기 만족'에 멈춰 서게 하는 것 같다는 생각이 문득 들었기 때문이다. 그동안 받은 사랑과 격려들에 감사하지 않을 리 없다. 그러나 사람으로부터 받은 칭찬과 사랑, 격려, 위로는 모두 한계가 있는 것을 알게 되었다.

그렇다고 해서 우리에게 위로와 격려가 필요하지 않다는 이야기는 아니다. 나도 격려하고 위로하면서 살기를 힘쓰는 사람이다. 내가 격려해주고 위로해주는 사람의 고통이 그 시간에 딱 멈췄으면 좋겠다는 심정으로 기도해주고 위로의 말을 건넨다.

그러나 하나님이 우리를 위로하시기 위해 행하시는 방법은 따로 있다는 것과, 사람들이 주고 받는 위로에는 하나님이 정하신 '한계'가 있다는 것을 알게 되었다. 우리는 하나님이 될 수 없다. 그리고 하나님의 자리를 넘보아서도 안 된다.

따라서 내가 받은 사랑이 나로 하여금 하나님을 사랑하는 마음으로 더 향하게 할 줄 알아야 한다. 그것이 하나님께서 원하시는 것이다. 주님께로 향하게 하지 못할 '사랑 받음'은 참된 것이 아니고 주님께로 향하게 하지 못할 '사랑 베풂' 역시 마찬가지인 것이다. 우리가 하나님 때문에 산다고 고백했기 때문이다. 하나님으로 인한 기쁨이 아니라면 그 기쁨에는 영구성이 없는 것이다.

당신에게 있는 부와 명예, 인기 등으로 인하여 얼마만큼 기쁠 것인가? 무엇이 당신을 기쁘게 하며 무엇이 당신을 만족하게 하는가? 여호와만이 당신 삶의 모든 만족이 될 수 있다고 고백한다면, 설사 당신이 의지하고 싶은 사람들의 칭찬이나 격려가 없다 해도 하늘로부터의 위로를 받을 수 있다. 성경 한 장을 읽고 기도 한마디를 하면서도 마음에 밀려드는 평화로 인하여 "아, 정말 주님 한 분으로 만족할 수 있습니다"라는 고백을 드릴 수 있게 될 것이다.

이미 누리고 있는 풍성한 삶

예수 그리스도! 나는 '절대적인 기쁨과 만족'의 결정체가 예수 그리스도 한 분 안에서 이루어질 수 있다고 믿는다. 나에게 이런 멋진 고백을 할 수 있도록 도전을 준 성경말씀이 있는데 그것은 누가복음 15장 7절 말씀이다.

> 내가 너희에게 이르노니 이와 같이 죄인 한 사람이 회개하면 하늘에서는 회개할 것 없는 의인 아흔아홉으로 말미암아 기뻐하는 것보다 더하리라.

여기에서 '더'라는 말은 영어로는 'more'로 나와 있는데 이 말씀을 묵상하면서 '내 삶에 예수 그리스도 한 분만으로 만족할 수 있음에도 불구하고 내려놓지 못한 그 무엇이 있는가? 그렇다면 내가 잘하고 있는 아흔아홉 가지보다 내가 내려놓지 못한 그 한 가지를 하나님께 드린다면 하나님이 더 기뻐하시지 않겠는가?' 하는 생각이 들었다. '내가 예수님 외에 기쁨으로 삼고 있던 것이 죄성을 띤 것이라면 더욱더 포기를 결단해야 하지 않겠는가?' 하는 생각을 하게 되었던 것이다.

내 삶에서 예수 그리스도 한 분만으로 충분히 만족할 수 있다는 것을 배우는 과정이 결코 쉽지는 않았다고 고백하고 싶다. 아니, 앞으로도 변치 않고 "예수님만 있으면 충분합니다!"라고 고백하기 위해서는 여러 모양의 '줄다리기' 또는 '씨름'을 하게 될 것이다.

주님 한 분만으로 만족하는 삶에 적응하는 시간이 만만치 않다고 생각하지만 그래도 날마다 조금씩 주님 한 분만으로 만족하는 삶에 익숙해지고 있어서 감사하다.

삶의 만족과 불만족 가운데서 줄다리기할 수 있는 시간들에 감사하고, 영적 전쟁을 하는 가운데 영적 근육과 맷집을 키워가게 하심을 감사하다. 패자도 되고 승리의 기수도 되면서, 삶이라는 연극에서 다양한 배역을 맡아 적응하며 울고 웃고 짜증 부리고 서러워하는 가운데 감성의 풍성함을 배우게 하시고 누리게 하시니 감사하다. 인생의 희로애락 가운데 삶의 균형을 배우게 하시니 감사하다. 적응하지 못하는 것들과 익숙하지 못한 것들 앞에서 삶의 겸손과 인내를 배우게 하시니 또한 감사하다. 모든 것이 감사로 연결되게 하시는 삶의 지혜를 갖게 하시니 그 또한 감사하다.

예수 그리스도 한 분 안에서 모든 것을 만족하기를 사모하며 사는 마음을 가지고 있다면, 주님께서 우리에게 약속하신 '풍성한 삶'을 이미 누리고 있는 것이다.

성경에서는 "호흡이 있는 자마다 여호와를 찬양하라"고 말씀하는데 내가 호흡이 있어서, 즉 살아 있어서 감사한다기보다는 호흡이 있어야 하나님을 찬양할 수 있으니 그래서 감사하다. 실로 성경책 넘기는 소리가 이 세상에서 가장 아름다운 소리로 들리니 그 또한 감사하다. 예수님을 내 삶의 구세주라고 고백하는 모든 사람이 예수님 한 분만으로 모든 것에 만족할 수 있다고 고백할 수 있기를 기도드린다.

Obedience [순종]

But Samuel replied: Does the LORD delight in burnt offerings and sacrifices as much as in obeying the voice of the LORD? To obey is better than sacrifice, and to heed is better than the fat of rams_1 Samuel 15:22

순종, 하늘나라에 재물을 쌓는 일

사무엘이 이르되 여호와께서 번제와 다른 제사를 그의 목소리를 청종하는 것을 좋아하심같이 좋아하시겠나이까 순종이 제사보다 낫고 듣는 것이 숫양의 기름보다 나으니 _삼상 15:22

하나님 말씀에 순종하기가 버거운가? 순종에 대해 설교할 때면 나는 먼저 성도들에게 "순종이 쉽다고 생각하는 사람, 손 들어보세요!"라고 말한다. 그러면 손 드는 사람이 별로 없다. 내가 "그러면 순종이 어렵다고 생각하는 사람 손 들어보세요!"라고 다시 말하면 대부분의 사람이 손을 든다.

순종, 과연 어려운가? 나는 그렇지 않다고 말하고 싶다. 순종도 습관화하면 힘들지 않다. 순종이 습관이 된 사람은 오히려 불순종이 어렵다. 진실만 이야기하는 것이 습관화된 사람에게 거짓말하는 것이 어려운 것과 같다. 어떤 것을 습관으로 만들지가 중요하다. 순종이 어렵다고 말할 것이 아니라 순종이 몸에 밸 수 있게 습관화해야 한다.

순종을 습관으로 만들자

나는 보통 밤 12시에 잠을 자서 새벽 4시면 일어난다. 이것이 어렵다고 생각하는 사람도 있겠지만 나에게는 그리 어렵지 않다. 오랜 시간 쌓아온 습관이기 때문이다. 물론 몸이 너무 피곤하거나 잠을 아주 늦게 잔 다음 날은 예외겠지만, 하루 4시간 자는 것이 습관화되어 있기 때문에 4시간만 자면 몸이 가뿐한 편이다. 오히려 8~12시간 잠을 자라고 한다면 상쾌하지 않다.

나는 기도하는 것 또한 습관이 되어 있다. 눈 뜨면서 제일 처음 하는 일이 기도이다. 기도로 하루를 시작하는 나에게 만약 기도하지 말라고 한다면 숨이 막히는 기분일 것이다. 매일같이 새벽기도를 하는 사람에게 "오늘부터 새벽예배 하지 마시오!"라고 말하면 그 사람이 기뻐할까? 새벽기도가 습관이 된 사람에게 이런 말은 고문과도 같을 것이다.

어느 날 어떤 집사님이 이런 질문을 했다. "예수님 믿을 때 적당히 믿으면 괜찮은 것 같은데요. 잘 믿으려고 하니까, 뭐 그렇게 하지 말라는 게 많은지 억울한 게 많아요. 목사님은 억울한 것 없으세요?"

나는 그 집사님께 이렇게 대답했다. "사람이 살면서 인생의 즐거움을 얼마만큼 누려야 많이 누렸다고 말하는지 모르겠습니다. 저도 세상적인 쾌락을 나름대로 즐겨보았지만 예수님 믿고 난 다음에 순종의 맛을 접했더니 세상 쾌락이 싫어지더군요. 구역질 날 정도입니다. 왜 진작 이 순종의 재미를 경험하지 못했나 싶을 정도로 세상 쾌락에 대한 기억은 짜증스럽습니다. 집사님도 순종했을 때의 기쁨을 경험해보시지 않았나요?"

그 집사님은 고개를 끄덕이며 "맞아요. 목사님 말씀이 맞습니다!"라고 했다. 순종해본 사람은 알 것이다. 순종을 이루었을 때 느낄 수 있는 짜릿한 만족 충만의 기분을….

물론 우리가 항상 순종만 하면서 산다고 말하기는 어려울 것이다. 예전에 즐기던 쾌락은 버렸다 해도 또 다른 세상적 쾌락의 유혹을 받을 수 있기 때문이다. 그래도 우리는 하나님 말씀에 순종했을 때 맛볼 수 있는 재미와 기쁨을 알고 있지 않은가! 그것을 매일매일 누릴 수 있도록 순종을 더욱더 습관화해야 할 것이다.

때에 맞는 순종

순종 중에서도 '때'에 맞는 순종이 참된 순종이라고 생각한다. 내가 딸 수진이에게 "10분 후에 냄비에 물 끓으면 불 꺼라"라고 말했을 때 수진이가 "네" 하고 대답했다고 하자. 그런데 만약 수진이가 내 말을 듣자마자 바로 부엌에 가서 가스 불을 꺼버린다면 이것이 순종인가? 그렇지 않다. 그리고 수진이가 10분 후에 불을 끄라고 했는데 1시간 후에 가서 불을 끄려고 보니 냄비가 거의 다 탈 지경이 되었다고 하자. 그렇다면 이것은 참된 순종인가?

   때에 맞지 않는 순종은 불순종이다. 하나님께서 하라고 하실 때에 순종해야 한다. 하나님께서는 우리와의 관계를 중요하게 생각하신다. 우리와 계속 이야기하고 싶어 하신다. 그러니 '때'를 잘 모르는 우리는 하나님께 자꾸 질문해야 한다. "하나님, 언제요?"

   이스라엘의 왕 다윗이 전쟁에 나가 블레셋 군대와 싸울 때 하나님께 여쭤본다. "하나님, 어떻게 할까요?" 하나님이 답하신다. "정면 충돌해라!" 그런데 다음에 싸울 때 상대는 똑같이 블레셋 군대인데도 하나님께 "어떻게 할까요?" 물으니 "정면 충돌하지 말고 뒤로 돌아가라. 뽕나무 위에 올라가서 부스럭부스럭 발자국 소리가 들리거든 그때 가서 쳐라" 하고 말씀하신다.

   왜 하나님께서는 똑같은 상황에서 다른 방법을 주시는가? 하나님의 관심은 우리의 승리가 아니라 하나님과의 관계이기 때문이다.

하늘의 소유를 가지라

   하나님이 관계를 통하여 우리에게 말씀하고 싶어 하실 때 우리가

중요하게 생각해야 할 것은 성경을 아는 것이다. 예전에 어느 택시 기사 아저씨께서 나에게 성경을 읽느냐는 질문을 한 적이 있다. 그때 나는 선교사라는 이야기는 하지 않고 성경을 읽는다고 말했다. 그러자 기사 아저씨는 나에게 성경이 얼마나 훌륭한 책인가에 대해 설명하기 시작했다.

"성경처럼 한 권 안에 세상 모든 지식이 함께 있는 책은 없습니다. 정치, 경제, 역사, 재정, 사랑에 대한 이야기가 모두 들어 있습니다. 도서관에 가서 이런 분야의 책을 따로따로 읽으려면 얼마나 시간이 걸리겠습니까? 그런데 하나님은 성경책 한 권에 이 모든 것을 단축시켜 기록하신 것입니다. 성경은 연애편지이기도 합니다. 하나님께서 우리에게 사랑의 편지를 주신 것인데 이 편지를 읽지 않고 천국 가서 주님 만난다는 것이 말이 되겠습니까?"

"그럼, 아저씨는 성경을 몇 번이나 읽으셨나요?" 하고 여쭈어보았더니 100번을 읽었다고 하셨다. 그리고 매일 1시간 반씩 성경을 읽는 편인데 그렇게 읽으면 1년에 적어도 5번을 읽을 수 있다고 했다. 내가 차에서 내릴 때 "손님, 적어도 1년에 5번은 성경을 읽어야 합니다! 아셨죠?" 하고 말씀하시기에 나는 그야말로 엉겁결에 "예!"라는 답을 했다. 그 덕분에 나는 요즘 하루에 성경을 적어도 평균 25쪽을 읽든지 성경 테이프를 듣고 있다. 성경을 하루에 25쪽가량 읽으면 1년에 5독을 할 수 있기 때문이다. 엉겁결에 한 약속이라도 약속이니 지키고 있는데 나중에 천국 올라가서 그분 만나면 크게 감사의 인사를 드리려고 한다. 그런 약속을 하도록 만들어주신 분이니까 말이다.

순종하기 위하여 어떤 말씀들을 지키라고 했는지 그 명령의 말씀을 아는 것이 중요하다. 그리고 그 말씀에 순종하면 하나님이 주시는 삶의 '견고함과 든든함'을 누리게 되어 삶이 더없이 풍성해진다.

시편 119편 56절에는 "내 소유는 이것이니 곧 주의 법도를 지킨 것이니이다"라는 말씀이 있다. 소유가 많은데 마음이 든든하고 즐겁지 않은 사람이 있을까? 물론 그 소유가 악한 일에 사용된다거나 악한 방법으로 벌어들인 것이라면 소유가 많아도 행복할 것 같지는 않다. 그러나 정직하게 번 소유가 많다면 즐거울 것이다.

율법을 듣고 깨닫고 은혜받은 말씀들이 모두 자신의 소유가 되는 것은 아니다. 순종하여 지킨 말씀들만 내 소유가 되는 것이다. 어려운 일을 당하면 원망하고 싶은 마음이 생길 수 있다. 야속한 마음이 들 수도 있다. 그러나 그러한 시간들을 돌이켜 어려운 상황에서도 감사함으로 지킨 율법은 모두 자신의 영적 소유가 된다.

이 땅에서 '재물'을 모으는 일도 쉬운 일은 아니다. 그러니 하늘나라에 재물을 모아두는 것 역시 그렇게 호락호락하지는 않을 것이다. 짜증 나고 화나고 서럽고 원망스럽고 걱정되는 일들이 즐비한 가운데서 돌이켜 감사하며 율법을 준행한다는 것은 쉬운 일이 아니겠지만 그러한 일을 해내는 사람들은 다음과 같이 고백할 수 있다. "내 소

순종, 하늘나라에 재물을 쌓는 일

유는 이것이니 주의 법도를 지킨 것이니이다."

오늘도 당신에게는 주의 법도를 지켜 행할 수 있는 기회가 주어질 수 있다. 돈이 없는데 남을 도와주어야 할 것 같은 구제의 명령이 주어질 수도 있고, 걱정되는 일이 있는데 걱정하지 말라고 하신 말씀을 지켜야 하는 명령이 주어질 수도 있다. 그럴 때는 그러한 기회를 주심에 감사하며 순종함으로 나아가야 한다.

우리는 각자 처한 상황에서 주님이 주시는 다른 '율법'들을 받을 수 있다. 한 가지 율법을 지키고 나면 또 다른 율법을 지켜야 할 상황이 기다릴 수도 있다. 성경 66권에 있는 하나님의 모든 말씀을 두루두루 순종할 수 있는 기회를 주심에 감사하자. 원수가 없다면 원수를 사랑하라는 말씀을 지켜 행할 기회가 없었으리라. 걱정할 일이 없었다면 걱정하지 말라고 하신 하나님의 말씀을 지켜 행할 기회가 없었으리라. 용서해줄 사람이 없었다면 용서해주라는 말씀을 지켜 행할 기회가 없었으리라.

하나님은 이처럼 우리에게 율법을 지켜 그것이 하늘의 소유가 되게 하시는 기회들을 주셨다. 매일 말씀을 순종할 수 있는 기회를 주심에 감사하고 그러한 순종들이 습관이 되어갈 때, 주님 앞에서 "순종은 힘든 것이 아닙니다. 순종이 즐겁습니다!"라는 고백을 드릴 수 있는 것이다.

선교사님, 이것이 궁금합니다!

임은미 선교사와 함께하는 신앙 상담 3

"하나님의 음성을 잘못 들었을 때는 어떻게 하죠?"

Q. 내가 들은 음성이 하나님의 음성인지 어떻게 알죠? 분명 하나님의 음성인 줄 알았는데 그대로 이뤄지지 않는 때도 있어요. 그럴 때는 어떻게 하죠?

A. 내 백성에게 거룩한 것과 속된 것의 구별을 가르치며 부정한 것과 정한 것을 분별하게 할 것이며(겔 44:23).

제사장들이 해야 하는 일 중 하나가 바로 '가르치는 일'이었다. 거룩한 것과 속된 것을 구별하고 부정한 것과 정한 것을 분별하는 것. 상담 사역을 하면서 중요한 것 중 하나가 '가르치는 것'이라는 것을 요즘 들어 더 많이 느끼게 된다. "진리가 너희를 자유케 하리라!" 우리가 성경말씀을 잘 모르고 하나님에 대하여 잘 몰라서 정죄감에 빠지지 않아도 될 때에 정죄감에 빠지고, 우울하지 않아도 될 일에 우울해지는 경우를 많이 보게 된다. 상담하면서 차근차근 가르쳐주면 "아, 그렇군요! 정말 그래요. 맞아요, 맞아!" 하며 자유로워지는 사람들이 많이 있다.

얼마 전에 만난 분이 나에게 이런 말을 했다. "선교사님 묵상 읽으면 참 부러워요. 어떻게 하나님 말씀을 자다가도 일어나서 받아 적으시죠? 그리고 받은 말씀이 하나님 말씀이라고 어떻게 그렇게 확신할 수 있죠? 저도 하나님 음성을 듣는다고 듣지만 듣고 난 다음에는 의심이 가요. '내가 들은 것이 하나님 음성이 맞나? 그때는 분명히 잘 들은 것 같은데 왜 환경이 이렇게 안 변하는 거지?' 하는 생각이 들죠."

아마도 많은 그리스도인이 이러한 고민을 할 것이다. 나는 사실 내가 듣는 하나님의 음성에 대해 확신하는 것은 아니다. '하나님의 선하심'에 대해 확신할 뿐이다. '하나님의 선하심에 대한 확신'과 '하나님의 음성에 대한 확신'은 다르다. 나도 하나님의 음성인 줄 알고 적어두었다가 그렇게 되지 않은 적도 많다. 잘못 들은 음성들도 있다. 그런 음성들은 공책에 '?'나 'X'라고 적어둔다. 그리고 나중에 보면서 '어? 왜 그때는 그렇게 들었지?' 하고 궁금해한다.

그러나 내가 잘못 들었다고 해서 하나님에 대한 신뢰감을 잃은 적은 단 한 번도 없다. 혹시나 잘못 듣더라도 하나님은 거기서도 나를 인도하실 분이라는 것을 알기 때문이다. 하나님은 선하시다. 나를 향한 그분의 모든 생각이 선하다.

인간과 인간끼리도 대화하다가 말을 못 알아들을 때가 있다. 그럴 때는 "방금 뭐라고 했지요? 다시 한 번 말씀해주세요!"라고 물어볼 수 있다. 그렇다고 관계가 끊어지는 것은 아니다. 하나님과의 관계도 마찬가지다. 혹시 그분의 음성을 잘못 들은 것 같을 때는 다시 한 번 물어보면 된다.

그런데 만약 하나님 음성을 잘못 들은 것 같아서 더 이상 음성 듣기를 주저하는가? 하나님은 때때로 우리가 들은 음성에 대해 얼마만큼 순종하는지 그 과정을 보기도 하신다. 당신이 믿음으로 그 길을 가기까지의 용단을 보시는 것이다. 당신이 바라보았던 그 목표가 하나님의 최종 목적은 아닐 수 있다는 것이다. 따라서 이후에 하나님은 당신을 다른 곳으로 또 인도하실 수 있으신 것이다.

어쩌면 많은 그리스도인이 하나님의 음성 듣기를 연습하는 동안 이 부분에서 좌절할 수 있다는 생각이 든다. 나 역시 하나님의 음성을 항상 잘 듣는 사람이 아니다. 어떤 때는 공책을 꺼내놓고 주님이 하시는 말씀이라고 적고 있어도 나 혼자 북 치고 장구 치는 것 같을 때가 있다. 그래서 "주님, 제가 이렇게 해도 되나요? 주님의 음성이 아니면 어쩌죠? 이런 걸 바로 사이비라고 하는 것 아닌가요?"라고 여쭤볼 때도 있다.

그러나 나는 하나님의 '선하심'을 믿는다. 그리고 성경을 믿는다. 그리고 내가 개인적으로 받는 말씀보다 더 정통성 있는 묵상의 힘을 믿는다. 그래서 성경에 적혀 있는 것부터 우선순위로 두고 한다. 그리고 주님으로부터 받는 음성들을 내 삶의 방향표로 삼고 그대로 따라 살려고 노력한다. 즉, 받은 음성들에는 순종하고자 노력한다. 그러다 주님이 하라고 하시는 대로 했는데 결과대로 되지 않는다면 그게 그렇게 대수인가? 내 인생 내 뜻대로 되면 얼마만큼 잘 풀리겠는가? 또 꼬이면 얼마만큼 꼬이겠는가? 주님의

음성을 따라 순종하며 살 때 내 인생이 가장 잘 풀리는 것임을 알아야 한다.

인생을 다 살아보지 않고 다 산 것처럼 평가할 필요는 없다. 이 길이 더 복된 길인지 저 길이 더 복된 길인지 우리가 어떻게 알겠는가? 인생에는 여러 가지 '변수'들이 있다. 그 변수들 가운데 변하지 않는 '하나님의 선하심과 공의로움'이 함께한다.

기도로 주님의 마음을 바꾸려고 하는가? 기도하면서 주님의 뜻을 이해하는 방향으로 내 생각이 바뀌게 될 때 주님이 기뻐하신다.

나는 오늘도 주님의 음성을 들을 것이다. 나에게 항상 하시는 주님의 말씀, 변치 않으시는 주님의 고정 멘트가 있다. "은미야, 나는 너를 사랑한다. 넌 나의 귀중한 보배, 사랑하는 나의 딸이란다. 내가 너를 도와주겠다. 내가 너와 함께하겠다. 나는 너를 기뻐한단다."

주님이 얼마나 우리와 가까이 관계 맺고 싶어 하시는지 아는가? 우리가 믿는 하나님이 '친밀한 하나님'임을 믿자. 오늘도 우리에게 음성을 들려주시는 하나님께 감사하자. 만국의 왕이신 주님이 나에게 조금이라도 시간을 내주시고 귓속말을 들려주시는 것 자체가 환상적인 일 아니겠는가?

혹시 잘못 들어도 주님과의 교제에서 뒷걸음치는 일이 없도록, 주님에 대한 신뢰가 떨어지지 않도록 간구하자. 더 깊고 넓고 높은 하나님의 사랑을 배워가는 하루하루가 될 수 있기를 바란다.

Prayer [기도]

pray continually_1 Thessalonians 5:17

기도, 모든 것을 주님께 맡기는 것

쉬지 말고 기도하라_살전 5:17

잠언 16장 3절에는 "너의 행사를 여호와께 맡기라 그리하면 너의 경영하는 것이 이루리라" 하는 말씀이 있다. 나는 이 말씀처럼 우리의 행사를 여호와께 맡기는 것을 기도라고 생각한다. 아침에 일어나서 기도하는 것은 하루의 모든 일과를 주님께 맡긴다는 것이다. 길을 떠나기 전 기도하는 것은 그 여정의 순적함을 위하여 주님께 내 여행길을 맡긴다는 것이다.

나는 설교하기 전 항상 기도한다. "어떤 설교를 해야 하나요?" 또한 설교와 관련된 크고 작은 모든 스케줄을 놓고 주님께 기도한다.

기도했다고 그대로 다 이루어지는가? 그렇지 않을 때도 있다. 누구나 한 번쯤은 '이건 내가 생각하는 형통함이나 순적함이 아닌데…'

하는 생각을 가질 때가 있을 것이다. 그러나 기도하며 주님께 맡겼다면, 내 상식과는 다른 방향이라 하더라도 주님의 방법이 가장 최상의 것이라는 것을 믿어야 한다.

물론 나도 기도한 대로 안 된 일들이 있다. 하지만 그렇다고 불평한 기억은 없다. '내가 원하는 것보다 주님의 인도가 더 정확하고 더 관대하고 더 나은 것이겠지' 하고 믿기 때문이다.

우리에게 필요한 기도의 종류

기도에는 여러 종류가 있다. 보통 기도를 호흡이라고 하는데, 호흡은 들이마시고 내뿜는 것이다. 즉, 기도에도 들이마시는 기도가 있고 내뿜는 기도가 있다는 것이다. 들이마시는 기도는 "성령 충만하게 하여주옵소서. 나를 도와주옵소서" 같은 '청원 기도'이다. 내뿜는 기도에는 "하나님, 잘못했습니다" 하는 '회개 기도'와 '대적 기도'가 있다.

대적 기도는 싸우는 기도다. 기도는 영적 전쟁에서 무기가 된다. 우리 삶은 매일이 영적 전쟁이다. 그러면 영적 전쟁이 어디서 일어날까? 마음밭이 바로 전쟁터라고 할 수 있다. 마음속에서 육신의 소욕과 영의 소욕이 싸우는 것이다. 이럴 때 대적 기도를 해야 한다. 예수님의 이름을 사용하여 영적 전쟁을 치르는 것이다.

예를 들어 교회에서 어떤 사람이 갑자기 보기 싫고 이유도 없이 미울 때 그냥 '아휴, 저 사람이 싫다'라고만 생각하고 있으면 안 된다. 대적해야 된다. 영에도 여러 가지 이름이 있다. 미운 사람이 생기면 그 이름은 '미움의 영'이 되지 않겠는가? "나사렛 예수의 이름으로 명하노니 누구누구를 미워하는 마음을 주는 미움의 영이여, 떠나갈지어다!" 이런 것이 대적 기도이다. 우리 그리스도인들은 이러한 기도를 필요한 순간마다 해야 한다.

괜히 교회 가기 싫을 때가 있는가? 그럴 때는 '나태의 영'이 공격하는 것이다. 그러면 "나사렛 예수의 이름으로 명하노니 교회 못 가게 하는 나태의 영이여, 물러갈지어다!"라고 대적 기도를 해야 한다.

전도를 계속하는데 그 사람이 전도를 받아들이지 않는가? 그러면 "나사렛 예수의 이름으로 명하노니 내 전도 대상에게 붙어 있는 불신의 영이여, 떠나갈지어다!"라고 대적 기도를 해야 한다.

교회 가서 계속 졸리는 사람이 있는가? 피곤해서 졸린 것은 어쩔 수 없다. 그런데 말씀을 들을 때마다 졸리는 사람이 있다. 이런 사람들은 졸음의 영이 다가와서 말씀을 못 듣게 하는 것이다. 그 말씀을 들으면 이 사람이 변화될까 봐 마귀가 작정을 하고 들러붙어서 '빨리 잠자라. 듣지 마라!' 하고 졸음을 주는 것이다. 말씀을 듣지 않으면 믿음이 생기지 않는다. 그러니까 졸릴 때는 "나사렛 예수의 이름으로 명하노니 졸음의 영아, 떠나갈지어다!" 하고 대적 기도를 해야 한다.

그러면 대적 기도를 할 때 왜 구체적인 영들의 이름을 불러야 하는가? 강의시간에 학생들이 떠든다고 "여러분, 조용히 하세요" 하고 말하는 것과 떠드는 사람을 지명하며 "누구, 조용히 해!" 하고 말하는 것은 차이가 있을 수밖에 없다. 따라서 자신의 마음을 병들게 하는 것들의 원인을 알고 있다면 그 구체적인 영들의 이름을 나열하며 기도하는 것이 좋다.

나는 아이를 아홉 명 키운다. 친딸과 양딸이 한 명씩 있고 양아들이 일곱 명 있다. 이 아이들을 키우면서 짜증 날 때가 왜 없겠는가? 우리 아들 중 하나가 와서 "엄마, 난 엄마가 너무 좋아" 하고 말하면 내가 속으로 말한다. "이 녀석아, 내가 너한테 그 말을 들을 수 있기까지 내 마음속으로 '짜증의 마귀야 물러가라' 하는 대적 기도를 얼마나 자주 했는지 안다면 넌 아마 까무러칠 거다!"

사랑하는 아이들을 키우면서도 짜증이나 이기심 등이 생길 때가 있다. 그러니 평화롭게 승리의 인생을 살아가려면 정신없이 일어나는 영적 전쟁 속에서 부지런히 대적 기도를 해야 한다.

마귀는 대적하면 도망가지만 대적하지 않으면 절대 물러가지 않는다. 예수 믿어도 성격이 변하지 않는다고 하는 사람들이 있는데, 나는 그렇게 생각하지 않는다. 하나님이 원치 않으시는 성격이라고 판단된다면 계속해서 그 부분을 놓고 대적 기도를 하면 된다. 기도해서 안 될 것은 없다. "나, 원래 이래"라고 말하면서 마귀에게 빌미를 줄 필요는 없다. 예수님을 믿으면 바뀔 수 있다. 예수님 믿고 바뀌지 않는 것을 오히려 기적이라고 해야 하지 않을까? 예수님 믿는데 변화가 없다면 그것이 이상한 것이다. 자신이 예수 믿고 변하지 않는 것을 통해 '오늘도 기적은 존재한다'는 사실을 증명할 필요는 없다.

기도에는 '방어 기도'도 있다. 때때로 사람들이 당신에게 적대감을 갖고 다가올 수 있을 것이다. 그것을 미리 방어하는 것을 '방어 기도'라고 한다.

어느 모임이든 첫인상이 중요하다. 그리고 강사가 싫으면 마음 문이 쉽게 열리지 않는다. 그래서 나는 강대상 앞에 서서 처음 설교 들어가기 전 인사말을 할 때 "여러분, 은혜받으려면 강사를 좋아해야 합니다. 은혜받는 것과 강사 좋아하는 것은 비례합니다"라고 말하기도 한다.

그리고 설교하기 전에는 이런 기도를 미리 한다. "주님, 제가 가는 곳마다 모든 성도가 저를 좋아하도록 도와주세요. 에스더가 에스더를 보는 모든 사람에게 사랑을 얻었던 것처럼 저도 사랑을 얻어서 주님의 말씀을 잘 전달하는 데 도움이 되게 해주세요!" 내가 인기 있는 강사가 되기 위해 이런 기도를 드리는 것은 아니다. 나의 첫인상에 거부반응을 일으켜서 내가 전달해야 하는 하나님의 메시지가 효과적으로 전달되지 못할까 봐 드리는 기도이다.

나는 누가 내 흉을 보는 것도 들리지 않게 해달라고 방어 기도를 해둔다. 내 비판하는 이야기 들어서 기분이 좋을 리 없다. 감정 소비하게 되고 나를 비판한 사람에 대해 마음이 선하지 않게 된다. 그 시간에 중보기도하고 남 섬기는 선한 일을 하는 것이 주님 앞에 영광 되는 일일 것이다. 완전하신 예수님도 비판받으셨는데 나라고 비판받지 않겠는가? 그러나 나를 욕하는 소리를 듣고 감정을 소비하는 것은 시간을 잘 사용하는 것이 아니다. 따라서 내가 고쳐야 할 부분은 들리게 해달라고 기도하지만 쓸데없는 이야기는 들리지 않게 해달라고 기도한다.

일관성 있는 기도생활

기도는 수시로 해야 하고 모든 것에 대하여 기도하라는 것이 성경적 가르침이다. 기도하면 하나님께서 들어주신다. 혹시 안 들어주시는 기도가 있는가? 그러면 더 좋은 하나님의 선한 뜻이 있을 것이라고 여기며 항상 주님 편에서 생각해야 한다. 교만하게 "주님, 왜 내가 기도한 대로 되지 않습니까?" 하면 안 된다. 우리가 기도했다고 다 이뤄지란 법이 어디 있는가? 기도 열 가지 해서 다섯 가지 들어주신 것만도 감사한 일인데 다섯 가지 마저 안 들어주신다고 불평하면 되겠는가? 기도할 대상이 있다는 것만으로도 감사해야 한다. 답답한 마음이 있을 때 누군가에게 내 마음을 속 시원하게 털어놓을 수 있다는 것만으로도 충분히 감사할 수 있는 것이다.

기도는 수시로 하는 것은 당연한 것이고 일관성 있게 시간을 정해놓고 하는 기도 역시 필요하다. 나는 평소 새벽 4시면 일어나서 묵상을 하고 6시에는 새벽예배에 참석하며 7~8시까지는 아침기도 시간을 갖는 편이다. 그리고 오후 시간에 다시 1시간 정도 기도 시간을 갖는다. 이렇게 하루에 영성훈련으로 작정해놓은 기도 시간은 2시간인데 올해부터는 3시간으로 늘려보았다. 물가는 매년 오르는데 내 기도 시간은 지난 10년간 항상 2시간에 머물러 있다는 생각에 이번 해에는 1시간은 더 늘려보자고 작정했는데 그것이 생각보다 쉽지가 않다. 다니엘도 정해놓고 하루에 기도를 세 번씩 했고 예수님도 습관을 좇아 새벽에 기도하러 가셨다고 성경은 말씀하고 있으니 나 역시 일관성 있게 정해놓고 하는 기도 시간을 잘 훈련하고 싶다.

육의 건강을 이야기할 때도 일관성 있는 식생활을 권면한다. 한 달간 굶고 있다가 한 날에 잔뜩 몰아서 폭식을 한다면 위장에 이상이 생길 것이다. 마찬가지로 한 달 내내 기도하지 않다가 하루 날 잡아서 20시간 기도한다면 영적 건강에 좋다고 할 수 없다. 평소에 10분을 기도하더라도 일관성 있게 매일 기도하는 것이 중요하다.

Quiet Time [경건의 시간]

But his delight is in the law of the LORD, and on his law he meditates day and night_Psalms 1:2

큐티, 하나님의 음성을 듣는 시간

오직 여호와의 율법을 즐거워하여 그의 율법을 주야로 묵상하는도다 _시1:2

내가 큐티를 시작한 것은 고등학교 때였을 것이다. 하나님의 말씀을 읽으면서 그 가운데 내 마음에 와 닿는 말씀을 적고 삶에 적용하기 시작했었는데 신학교에 들어간 후 우연히 대천덕 신부님의 큐티에 관한 세미나 테이프를 듣게 되었다. 그중에서 큐티 후 하나님의 음성 듣는 시간을 따로 가지라는 것이 인상적이었다.

우리는 하나님이 하시는 말씀을 들을 수 있을까? 그 위대하신 하나님이 진정 우리에게 '개인적인 말씀'을 일러주실까?

하나님의 음성을 듣는 법에 대해 대천덕 신부님이 가르쳐주신 것은 그냥 펜을 잡고 "주님, 내게 말씀하옵소서"라고 말하고 나서 내 마음에 드는 생각은 무조건 다 주님 생각이라고 여기고 그냥 적으라는 것이었다. 그래서 나는 그대로 한번 해보았다. 말씀 묵상을 마친 후 떠오르는 생각을 글로 옮겨본 것이다.

주님의 음성 듣기

그렇게 큐티를 시작한 첫날, 주님의 음성을 듣겠노라고 무조건 공책에 생각을 적기 시작했는데 하나님이 이렇게 말씀하셨다. "216호 방을 찾아가라." 216호? 왜 이런 생각이 드는지 의아했지만 일단 방 번호를 적어두었다. 나는 신학교 다닐 때 RA(Resident Assistance)라고 해서 학생사감 일을 했었다. 이 일을 하면 내가 맡은 층의 학생들을 나름대로 돌봐야 하는 책임이 있었다.

그날은 신입생들이 들어와서 늦게까지 환영예배 및 오리엔테이션이 있는 날이었다. 예배를 마치고 기숙사로 돌아오는데 앞에 걸어가는 한 여학생이 너무 기운이 없어 보였다. 무슨 일인지는 모르지만 함께 기도해줘야겠다고 생각해서 그 학생의 방으로 따라 들어갔다.

나는 그 학생의 상황을 알지 못하지만 성령님은 아시지 않겠는가? 그 학생 어깨 위에 손을 얹고 기도하는데 주님은 그 학생에게 신학교 온 것이 잘한 것이고 그것이 하나님이 인도하신 뜻이라는 말씀을 주셨다.

기도를 마치자 그 학생은 막 울기 시작했다. 그동안 너무 혼란스러웠고 자신이 신학을 공부한 것이 정말 하나님의 뜻인지 불안했었다면서 나에게 기도해줘서 고맙다는 인사를 했다.

그 방을 나온 후 우연히 방문을 봤는데 216호였다. 아침에 큐티하면서 주님의 음성이라고 생각되어 적어두었던 방 번호였다. 정말 신기했다!

대천덕 신부님은 매일같이 주님의 음성에 귀 기울여 적어보고 다음 날 아침에 적어둔 말씀에 O표나 X표를 하라고 했다. 하나님의 음성이었던 것은 O표, 잘못 들은 것 같은 것은 X표로 표시하는 것이다. 자꾸 연습하다 보면 O표가 더 많아진다고 했다. 처음에는 실수가 많이 있겠지만 그래도 꾸준히 실천하라는 말씀을 듣고 그대로 따랐다.

두 번째 날에는 잠잠히 주님의 음성을 기다리는데 내 마음에 "누구한테 편지를 써라. 그리고 하나님이 당신을 사랑하신다고 말해줘라" 하는 음성이 들렸다. 그때 떠오른 사람은 소미라는 학생이었다. 그래서 엽서에 "소미야, 오늘 큐티하는 중에 하나님께서 너를 사랑하신다고 말해주라고 하셨어"라고 써서 보냈다.

나중에 소미를 만나 나에게 그 카드를 받고 난 다음 이야기를 들었다. 소미는 딸 셋 중 둘째딸이다. 그런데 어머니께서 첫째는 첫딸이라 좋아하고 막내는 막내라 좋아하는데 자기는 아무도 사랑해주는 사람이 없다는 생각이 들었다는 것이다. 그래서 늘 주눅이 들어 있고 항상 슬펐다고 한다. 그날도 마음이 가라앉아서 집에 왔는데 나에게서 엽서가 와 있더라는 것이다.

   소미는 그때 "아, 하나님이 나를 사랑하시는구나!" 하는 생각이 들면서 마음에 위로를 받아 눈물을 펑펑 흘렸다고 한다. 나도 그 말을 듣고 얼마나 기뻤는지 모른다. 이것이 바로 하나님의 능력으로 인하여 그분이 영광받으시는 일이라는 것을 배우게 되었다.

하나님의 음성에 순종함으로 얻는 열매

   하나님의 음성을 듣는 목적이 무엇이겠는가? 우리더러 점쟁이처럼 되라는 것인가? '오늘은 어느 쪽으로 가면 일이 술술 풀리고 누구를 만나면 잘되겠다' 하는 것을 알려고 하나님의 음성을 듣고자 하는가? 예수님을 믿으면서도 신문에 나오는 '오늘의 운세'를 즐겨 보는 사람들이 있는가? 하나님은 그런 일들을 '가증스럽게' 여기신다.

   하물며 점쟁이를 찾아가거나 굿을 하는 일들은 회개를 확실하게 해야 하는 '마귀의 일'들인 것이다. 예수님 믿는 사람들이 일부러 그렇게 귀신을 만나러 다니면 안 되는 것이다. 이처럼 점쟁이를 만나는 동기로 주님의 음성을 듣기 원해서는 안 된다는 것이다.

   주님의 음성이라고 생각되는 말들에는 순종함으로써 하나님께 영광이 되는 열매가 있어야 한다. 그리고 주위 사람들에게 덕이 되어야 된다. 아주 간단하게 주님의 음성을 가리는 방법은 그것이 주님께 영광이며 이웃에게 덕을 끼쳤는지로 분별할 수 있다.

그렇다면 마귀의 일은 무엇인가? 다른 사람을 망하게 하고 힘들게 한다. 만약 주님의 음성이라고 생각하여 순종했는데 그 결과가 누군가의 삶을 망가뜨리게 하고 하나님을 신뢰하지 못하게 하는 열매를 맺었다면 하나님의 음성이 아니라는 것이다.

주님이 이 땅에 오신 이유는 우리로 하여금 생명을 얻게 하고 얻은 생명을 풍성하게 하려 함이라 하셨으니 내가 받은 음성을 통해서 이웃의 삶이 풍성해지고 내 삶도 풍성해지는 열매를 맺는다면 그 일은 하나님이 하신 것이다.

소미라는 학생에게도 물론 그냥 "소미야, 하나님이 너를 사랑하셔!"라고 말할 수도 있었지만 "오늘 큐티하는 중에 하나님께서 너를 사랑하신다고 말해주라고 하셨어"라고 말한 것은, '하나님이 하셨다'는 것을 알면 듣는 사람의 반응이 달라질 수 있기 때문이었다.

대천덕 신부님은 이런 일을 설명하시면서 자신의 경험을 말씀하셨다. 병원에서 들것에 실려가는 환자 옆을 지나게 되었는데 "하나님이 당신을 사랑한다고 말하라" 하는 주님의 음성이 들렸다고 한다. 그래서 신부님은 그 환자에게 "하나님이 당신을 사랑한다고 말하라고 하십니다"라고 말씀하셨다고 한다. 그때 그냥 "하나님이 당신을 사랑합니다"라고 말했으면 하나님이 그 시간 행하시고자 하는 능력이 온전히 나타나지 않았겠지만 "지금 이 시간, 하나님께서 나에게 하나님이 당신을 사랑한다고 말해주라고 하십니다"라고 순종하면서 말을 전했을 때 하나님의 능력이 온전히 나타났다는 것이다.

하나님을 기대하라

하나님은 우리 모두에게 개인적으로 말씀하신다는 것을 우리는 기대해야 한다. 하나님께서 우리에게 직접 말씀하실 수 없다고 생각한다면 신앙생활에 생동력이 없다. 왜냐하면 하나님이 항상 남의 하나님처럼 여겨질 것이기 때문이다. 목사님이 은혜받아서 준 말씀을 듣고 '나 오늘 은혜받았다!' 하는 감동과 은혜가 과연 얼마나 지속되겠는가?

만약 당신이 매일같이 하나님으로부터 직접 음성을 듣는다고 생각하면 신앙생활에 생동력과 열정, 흥분과 기대가 있지 않겠는가? '하나님이 오늘은 뭐라고 말씀하실까?' 이러한 기대가 있는 사람과 없는 사람의 삶에는 분명히 차이가 있을 것이다.

스바냐 1장 6절에 보면 "여호와를 배반하고 따르지 아니한 자들과 여호와를 찾지도 아니하며 구하지도 아니한 자들을 멸절하리라" 하는 말씀이 있다. 하나님에 대해서 기대감이 없는 사람이 죄인이라는 이야기이다. 하나님이 살아 계시는데 왜 그분을 향한 기대가 없는가? 하나님은 우리에게 말씀하시기 원하는데 그분의 음성 듣기를 사모하지 않는 것은 죄라고 말할 수 있다.

우리가 매일 기도하면서 하나님이 함께하신다는 기대를 하지 않으면, 하나님이 섭섭해하신다. 하나님은 사람들이 그분을 향하여 선한 기대를 하기 원하신다. 이것이 하나님의 뜻이다. 그분은 우리를 향하여 "너에게 좋은 것을 주고 싶구나. 네가 아침에 일어나서 나를 생각할 때 기대하기를 원하노라" 하고 말씀하시는 것이다.

> 하나님이여 주의 생각이 내게 어찌 그리 보배로우신지요 그 수가 어찌 그리 많은지요 내가 세려고 할지라도 그 수가 모래보다 많도소이다(시 139:17~18).

바닷가에서 모래알을 세어보았는가? 나는 세어보려고 노력한 적이 있다. 성경말씀을 생각하며 한 움큼 모래를 집어서 손바닥에 놓고 세어봤다. 그 양이 아주 적었는데도 모래알이 너무나 많아서 셀 수가 없었다.

내가 움켜잡은 모래만 이 세상의 모래이겠는가. 태평양, 대서양, 인도양, 세상 모든 바닷가의 모래를 세어본다면 정말 어마어마할 것이다. 그런데 하나님이 우리를 향해 생각하시는 것을 세어보려고 할 때, 바다의 모래알보다 많다고 말씀하셨다. 부모가 자식을 생각할 때도 좋은 생각만 하는데, 우리를 향한 하나님 아버지의 생각에 단 한 가지라도 나쁜 것이 있을 리 없다. 우리를 향한 좋은 생각의 양이 바다의 모래알보다 더 많다는 것이다.

　그런 하나님께 왜 좋은 것을 기대하지 않는단 말인가! "좋은 날입니다. 좋은 일 생길 겁니다." 예수님 안 믿는 사람도 이런 말을 한다. 그렇게 말만 해도 기분이 좋아지기 때문이다. 하나님을 향하여 "주님, 좋은 날입니다. 하나님이 지으신 새 날을 기대합니다. 하나님, 오늘은 누구를 만나게 하실 건가요? 나를 통하여 어떤 일을 하실 건가요? 하나님, 오늘도 나를 축복의 통로로 쓰시겠죠?" 하는 기대가 우리 그리스도인들에게 있어야 한다. 하나님은 이런 사람들을 쓰신다. 기대하는 마음을 가지고 "하나님, 나에게 말씀하세요"라고 하면 하나님께서 말씀하실 것이다.

지나고 보면 아는 일

　주님의 음성을 들리는 대로 공책에 적어본 습관은 이제 20년이 넘었다. 그러다 보니 적을 당시에는 황당했던 일들도 세월이 지난 뒤 공책을 다시 읽어보면 '아, 하나님이 하셨구나! 하나님이 이렇게 인도하셨구나!' 하는 것을 확실하게 알 수가 있었다. 어떤 때는 그야말로 팔에 소름이 돋을 정도로 정확하게 미리 말씀해두신 것들이 있음을 알게 된다.

2008년도에 내가 적어놓은 말씀 중에 이런 것이 있었다. "내년 초에 한국에서 담임목회를 하라고 연락이 올 것이다." 받아 적으면서도 참 황당했다. 나는 선교사로 선교지에 있고 한국에 목회하러 갈 계획도 없는데 이 무슨 뜬금없는 이야기일까? 그래도 내 마음에 들려오는 음성이었고, 그 음성을 주님의 음성으로 생각했기 때문에 일단 적어보았다.

그러고 나서 2009년 1월 2일, 찬양 사역자인 송정미 사모한테 전화가 왔다. 남편 곽수광 목사님이 안식월을 가야 하는데 나에게 딱 3개월만 21C푸른나무교회의 담임목회자로 와줄 수 없겠느냐는 부탁이었다.

마음은 일단 평안했다. 그리고 주님 앞에 여쭈었다. 이전에 들은 말씀이 이미 있었으므로 그것을 토대로 주님의 뜻을 간구했던 것이다. 하나님이 그렇게 하라고 하셨다.

선교국에 편지를 띄웠다. 굳이 다 설명을 하지는 않고 개인 사정이라고 말씀드렸다. 3개월간 선교지를 비워야 하니 허락해달라고 했다. 남편은 선교지에 있을 테니 사역에는 지장이 없을 것이라고, 그러나 파송 선교사인 내가 선교지를 비우는 것이니 3개월간 선교비를 주시지 않아도 된다는 말씀을 드렸다.

   삽시간에 일들이 진행되는데 나라고 이런 일에 두려움이 없었겠는가? 하지만 나는 어떤 일을 결정해야 할 때 주님으로부터 들은 음성에 가능한 한 최선을 다해서 순종한다. 때로는 그러한 내가 참 대책 없다는 생각도 든다. 그러나 "주님, 순종하겠으니 듣겠습니다. 어떤 말씀이라도 순종하겠습니다!"라고 기도할 때 들려오는 음성이 두세 개인 적은 별로 없다. 딱 한 말씀을 주신다. 그래서 나는 어떤 일을 결정하는 것에 그렇게 큰 어려움이 없는 편이다.

   이렇게 말씀을 받으면 다음에는 남편에게 묻는다. 나는 남편의 동의나 허락 없이 그 어떤 일도 해본 적이 없다. 남편이 쾌히 승락하거나 동의하지 않으면 나는 그것이 하나님의 뜻이라고 확신해도 내 뜻을 주장하지 않고 일단 남편의 동의를 기다린다. 하나님은 내 가정의 머리가 되는 내 남편에게도 동일하게 말씀하실 것이라고 믿기 때문이다.

   이번 일에 대해서도 남편에게 이야기했더니 그 일로 인하여 일어날 '여파'에 대하여 우려되는 부분들을 이야기해주었다. 나는 그동안 이 일에 대하여 주님이 미리 말씀하셨던 부분들을 예전에 받아 적어 놓았던 공책의 글을 보여주면서 설명했다. 남편은 내가 이런 방식으로 지금까지 주님의 뜻을 분별해온 것을 이미 알고 있었다. 그래서 내가 지어서 말하는 것이 아니라는 것을 알았다.

남편은 내 이야기를 다 듣고서는 다음과 같은 말을 해주었다. "당신은 성령님 안에서 참 자유로운 사람이야. 아마 성경시대 사도들 빼고 제일 자유로운 사람일걸! 당신 마음에는 아무것도 걸리는 게 없지? 하나님을 사랑한다고 해도 마음에 여기저기 걸리는 무언가가 있는 사람들이 있거든. 그런 사람들은 하나님을 많이 사랑해도 그것들 때문에 자기가 갖고 있는 가능성을 다 발휘할 수가 없지. 하지만 그런 것이 없는 사람은 성령 안에서 아주 자유로워지지. 당신도 그런 것 같아. 하나님은 당신을 사용하실 거야! 하나님이 당신을 부르신 그 목적 그대로 말야! 당신은 사람들을 변화시키는 하나님의 도구야! 함께 20년을 살았지만 당신 정말 '특별한 여자'야! 때로는 복음 전한다고 나랑 헤어져 있는 시간들이 마음 아픈 것은 사실이야. 사랑하는 사람을 항상 옆에 두지 못하니까 서운하지. 하지만 당신이 하나님의 음성을 듣고 순종할 때는 나도 내 뜻 위에 있는 하나님의 '권위'를 인정하고 순종해야지. 남편으로서 당신을 향한 권위가 있는 것이 사실이지만 그런 것은 '육체' 가운데 있는 것이거든. 그런 것은 우리에게 중요한 것이 아니야. 우리에게 중요한 것은 '성령님 안에서'의 이야기거든."

그러고는 웃으면서 덧붙였다. "당신은 세상이 감당 못할 사람이야. '세상 머리'가 없으니 말야! 하나님 뜻에 순종한다고 할 때 보면 그야말로 당신 머리에는 아무것도 없는 것 같아. 우리 삶에서 '참된 닻'은 예수 그리스도이시지. 그분이 우리를 견고하게 하시니까. 예수님을 닻이라고 생각한다면 우리는 '연'이 되면 좋겠지! 마음껏 자유롭게 하나님 능력 안에서 날아다닐 수 있으니까 말이야. 하여튼 성령님 안에서 당신같이 자유로운 사람이 없으니, 주님 음성 듣는 대로 순종하도록 해!"

인간적인 우려는 여전히 많이 있었지만 순종하며 나아갔다. 하나님의 말씀은 인간의 지식이나 판단으로는 이해할 수 없는 것이다. 주님은 성령님의 음성을 마음에 떠오르는 생각대로 듣고 순종의 발길을 내딛을 때, 말씀을 통하여 마음에서 삐거덕거리는 부분들을 곧 정리해주신다.

> 사람을 두려워하면 올무에 걸리게 되거니와 여호와를 의지하는 자는 안전하리라(잠 29:25).

사람의 말을 듣는 것은 때로 피곤한 일이다. 그러나 주님께 순종하며 마음을 온전히 올려드리면 세상 사는 것이 편할 때가 많이 있다. 두 마음을 품지 않으면 늘 평안하다.

우리 인생에서 가장 중요한 것은 주님을 사랑하며 그분의 음성에 순종하는 것이다. 주님 믿고 사는 것은 참 재미있는 삶이다. 삶에 늘

흥분과 기대가 있으니 말이다. 하루도 같은 날이 없는 것 같다. 한마디로 하루하루가 '최고의 날'인 것이다.

하나님은 우리에게 세미한 음성을 들려주시는 분이다. 하나님께 나아가는 경건의 시간을 통하여 우리 모두 하나님의 세미한 음성을 들으면서 매일 그분을 더욱더 사모하게 되길 소망한다.

Race of faith [믿음의 경주]

Therefore, since we are surrounded by such a great cloud of witnesses, let us throw off everything that hinders and the sin that so easily entangles, and let us run with perseverance the race marked out for us_Hebrews 12:1

믿음의 경주, 죄에서 벗어나라

> 이러므로 우리에게 구름같이 둘러싼 허다한 증인들이 있으니 모든 무거운 것과 얽매이기 쉬운 죄를 벗어버리고 인내로써 우리 앞에 당한 경주를 하며 _ 히 12:1

당신은 믿음의 경주에 대한 의식이 있는가? 달리기 경주를 한다면 이기기 위해 가장 필요한 것은 무엇일까? 육상선수들은 무척 가벼운 옷을 입고 달린다. 뛸 때 무거운 것을 갖고 뛴다면 이길 수 있는 확률은 희박할 것이다.

그런 의미에서 성경에서 말하는 무거운 죄와 얽매이기 쉬운 죄에 대해 생각해보았다. 무겁다는 것은 짓눌림을 의미하므로, 마음에 걱정이 있는 것이라고 말할 수 있다. 성경에서는 우리에게 걱정하지 말라고 말한다. "살인하지 마라, 간음하지 마라, 도둑질하지 마라" 하는 십계명의 말씀과 마찬가지로 "걱정하지 마라"는 것 역시 하나님의 명령인 것이다. 그런데 우리는 살인을 하면 안 된다고 생각하고 간음이나 도둑질 같은 죄는 심각하게 받아들이지만 걱정에 대한 죄 인식은 못하고 있지 않은가? 걱정도 죄이므로 회개해야 한다.

중독성을 띤 죄

그러면 얽매이기 쉬운 죄에는 어떠한 것이 있을까? 2008년 1월, 러시아 모스크바 코스타를 갔었다. 설교하면서 학생들에게 영성훈련의 일관성에 대한 중요성을 말했다. 그러면서 나는 새벽 4시면 일어난다는 이야기, 일어나면 먼저 큐티를 한다는 이야기, 이 일을 10년이 넘도록 하루도 거르지 않고 했다는 이야기를 했다.

그런데 다음 날 새벽 4시에 누가 내 방문을 두드렸다. '아니, 이 새벽에 누가?' 문을 열어보니 어떤 여학생이 서 있었다. 어쩐 일이냐고 묻자 "선교사님, 4시면 일어난다고 하셔서 왔어요"라고 말하며 질문이 있다는 것이다.

나는 그 학생 말을 들으면서 속으로 '오늘 4시에 안 일어났으면 어떻게 했을까?' 하는 생각을 했다. 그리고 그 학생에게 내가 새벽 4시에 일어난다는 것은 그 시간에 묵상을 한다는 이야기이니 묵상 마칠 즈음 다시 와달라고 했다. 그 학생은 다시 나에게 왔고, 질문할 것이 무엇이냐고 물었더니 이렇게 말했다. "저는 이 질문을 해서 누구에게라도 'Yes'라는 대답을 얻어내면 내 평생을 다하여서 하나님을 섬길 것을 다짐하고 싶어요. 선교사님은 깨끗한 삶을 살고 계세요?"

그 질문에 나는 "그럼, 살고 있지!"라고 답했다. 그랬더니 이 학생이 대뜸 이렇게 말했다. "어머나, 그러면 회개 안 하시나요?" "회개? 회개를 하지 왜 안 하겠니? 예를 들어, 화 안 내려고 했는데 어떤 상황에서 욱하는 마음이 생길 때면 회개하지. 그러나 내가 너한테 깨끗한 삶을 살고 있다고 말하는 것은 나를 '주장하는 죄'가 없다는 거야. 즉, 죄에 좌우당하면서 살고 있지 않다는 이야기지. 어딘가를 가야 한다거나 무엇인가를 마셔야 한다거나 어떤 그림을 봐야 한다는 등의 죄성에 끌려다니지 않고 내가 깨끗하다는 것이지. 내가 널 언제 다시 만나게 될지 모르겠지만, 언제 만나더라도 네가 동일한 질문을 해온다면 오늘과 같은 답을 할 수 있기를 기도할게."

'나를 주장하는 죄'라는 것은 곧 '중독성을 띤 죄들'이 아니겠는가? 성경적인 언어로 표현한다면 '얽매이기 쉬운 죄'가 될 것이다.

당신도 살면서 '축복의 통로'가 되기를 원할 것이다. 그런데 이웃에게 믿음, 소망, 사랑, 기쁨, 감사의 통로가 되려면 일단 막힌 것이 없어야 그 역할을 제대로 하지 않을까? 우리 마음이 음식 찌꺼기나 머리카락으로 막힌 하수구와 같다면 통로의 역할을 못할 수밖에 없다. 다른 이들의 삶에 시원한 '복의 통로'가 되기 위해서도 얽매이기 쉬운 죄들은 벗어 던져야만 할 것이다.

중독을 끊는 방법

중독에는 여러 가지가 있다. 흔히 볼 수 있는 담배나 술, 노름, 게임 등을 포함하여 연애나 욕설, 채팅, 자기 연민 등도 중독될 수 있다. 그런 의미에서 중독은 우리가 하나님 외에 의지하는 기쁨과 힘이라고 생각해도 좋을 것이다. 노예가 된다는 것이다. 벗어나고 싶어도 못 벗어날 것 같은 상태를 중독이라고 일컬을 수 있다.

그러면 어떻게 다양한 중독의 현상에서 헤어나올 수 있을까? 그 방법에는 여러 가지가 있다. 첫째, 이 중독에서 헤어나올 수 있다고 믿어야 한다. 믿음 없이는 하나님을 기쁘시게 못한다고 했으니 아무리 실패를 반복해도 자신이 중독된 것들을 끊을 수 있다고 믿어야 한다.

둘째, 자기 죄를 고백해야 한다. 혼자만 알고 있지 말고 가족이나 친구 등 믿을 만한 사람에게 고백하라. 성경에서는 죄를 토설하지 않아서 뼈가 썩는다고 한다. 예전에 방송 설교가로 유명했던 미국의 지미 스와가트 목사님은 인터뷰 중에 성적 범죄를 오랫동안 지었다는 고백을 하며, 자기에게는 자신의 죄를 고백할 만한 친한 사람이 없었다고 했다. 우리 죄를 고백할 수 있는 지체가 그만큼 중요한 것이다.

셋째, 죄만 고백할 것이 아니라 중보기도를 부탁해야 한다. 혼자 못하겠으니 기도로 함께 도와달라고 말하라. 가능한 한 많은 사람(믿을 만한 사람)에게 부탁하라.

넷째, 자신이 중독된 것과 관련된 성구들을 외우는 것이 좋다. 음란함에 대한 중독이면 음란죄에 대한 성구를 달달 외우고, 노름에 빠져 있다면 노름에 대한 책망의 성구들을 찾아서 달달 외우라. 벽이나 거울, 부엌, 화장실 등 눈에 쉽게 보이는 곳에 성구들을 붙여놓고 계속 외우는 것이다.

다섯째, 대적 기도를 자주 해야 한다. "나사렛 예수의 이름으로 명하노니 중독(이름대로 다 대라!)의 영이여, 떠나갈지어다! 나는 너를 싫어하노라. 경멸하노라. 저주하노라. 나에게서 떠나가라!" 하는 기도를 시시때때로 하라.

여섯째, 성경을 많이 읽어야 한다. 읽을 시간이 안 되면 계속 귀에 들리도록 하라. 성경을 깊이 묵상하지는 못하더라도 나쁜 생각들이 틈타지 못하게 하는 방법으로 성경 듣기와 읽기는 모두 중요하다. 사람은 시간이 남아돌면 그만큼 죄를 짓게 마련이다.

일곱째, 죄짓지 않기 위해 선한 일이나 선한 생각을 계속 해야 한다. 마귀에게 틈을 주지 말라는 이야기이다. 인터넷에 중독된 사람들은 인터넷에 들어가고 싶을 때 친구에게 전화를 걸거나 운동을 하는 것도 좋은 방법이 될 것이다. 왜냐하면 중독이라는 것은 그 순간을 넘기면 또 괜찮아지기도 하기 때문이다. 그러니 그 유혹의 순간을 어떻게 넘길 것인지 대피책이 나름대로 필요한 것이다. 자신의 영을 파괴할 수 있는 중독을 끊기 위하여 건설적인 대응책을 생각해보라.

여덟째, 자괴감에 빠지면 안 된다. 영 중에 '갈굼의 영', 좀 더 고상하게 말하면 '참소의 영'이 있다. '너 같은 사람이 집사라고? 예수 믿는다고? 묵상한다고? 다 때려치워!' 이런 생각은 모두 참소의 영이 주는 것인데 들을 필요 없다. 주님이 주시는 음성이 아니면 다 쓰레기통에 던져버리라! 주님은 그런 음성을 주시지 않는다. 주님은 일곱 번 넘어져도 여덟 번째 다시 일어날 수 있으니 또 일어나라고 말씀하신다. 주님은 우리를 포기하지 않으신다. 우리가 죽는 날까지 함께해 주신다. 자괴감은 던져버리라! 우리는 다시 일어날 수 있다. 그리고 그래야만 한다.

아홉째, 포기하면 안 된다. 이제 겨우 중독에서 벗어난 것 같은 날이 있는가 하면 온종일 중독의 도가니에서 헤어나지 못하는 날도 있을 것이다. 정도의 차이는 있겠지만 하나님 믿는 사람이라도 이처럼 매일 천국과 지옥을 왔다 갔다 하는 기분을 느낄 것이다. 그러나 중요한 것은 우리는 모두 넉넉히 이긴다는 것이다. 포기하면 안 된다. 이 땅에 사는 동안은 매일 영적 전쟁을 치를 수밖에 없다. 피 터지는 싸움도 해보게 되겠지만 싸움을 해야 승리 역시 '기쁨'으로 다가오는 것이다. 포기하지 말고 끝까지 싸우라!

마지막으로, 주님의 사랑을 늘 기억해야 한다. 주님이 나를 포기하지 않으신다는 것, 주님이 승리를 이미 쥐고 계신다는 것, 그분이 나의 온갖 종류의 중독성을 띤 죄 가운데서도 나를 사랑하시고 인내하신다는 것을 꼭 기억해야 한다.

하나님은 우리를 양자로 삼으셨다. 인간적인 마음으로는 양자와 친자식을 대하는 것에 차이가 날 수밖에 없다. 그러나 하나님은 친자식인 예수님과 양자의 영을 받은 우리를 똑같이 사랑하신다. 아니, 양자의 영을 받은 우리를 더 사랑하셔서 친자식을 죽이기까지 하셨다.

그러니 우리가 죄에 빠져 있을 때도 우리를 향한 그분의 사랑을 신뢰하고 기억해야 한다. 그 사랑은 결국 우리가 모든 중독, 모든 무거운 것과 얽매이기 쉬운 죄에서 벗어나 자유롭게 믿음의 경주에서 최선을 다할 수 있도록 도와주는 원동력이 될 것이다. 이 경주에서 승리하기 위하여 우리는 오늘도 무엇이 자신을 무겁게 짓누르며 무엇에 얽매여 있는지 분별해야 한다. 또한 내려놓을 것을 내려놓고 끊을 것을 끊겠다는 결단을 해야 할 것이다. 내일이 아니라 오늘, 지금 당장 말이다.

Self-control [자제력]

It teaches us to say "No" to ungodliness and worldly passions, and to live self-controlled, upright and godly lives in this present age_Titus 2:12

자기 훈련
영적 근육을 단련하라

우리를 양육하시되 경건하지 않은 것과 이 세상 정욕을 다 버리고 신중함과
의로움과 경건함으로 이 세상에 살고_딛 2:12

우리 삶에는 훈련이 필요하다. 이것은 영적 생활에서도 마찬가지다. 언젠가 누가 나에게 "선교사가 되고 싶어 하는 사람에게 선교사로서 어떤 권면의 말을 하고 싶습니까?" 하고 물어온 적이 있다. 나는 그 답을 '자기 훈련의 삶'이라고 말하고 싶다.

내가 선교사로 있는 케냐의 리무르 지역에서는 복음에 대한 핍박이 있기보다는 현지인들이 선교사를 존경의 눈으로 바라보며 선교사로부터 항상 배우기를 원한다. 그래서 선교사에게 "오늘 새벽기도는 출석하셨나요? 큐티는 하셨나요? 성경은 몇 장이나 읽으셨나요?" 하고 물어봐주지 않는다. 영성 훈련에 대해서는 오롯이 '홀로서기'를 감당해내야 하는 곳이 선교지인 것이다.

그러니 스스로 작정하고 꾸준하게 지켜가는 것이 매우 중요한 일이다. 그래서 나는 매일 실천해야 할 것을 작정하여 지키면서 '자기 훈련'을 하기로 했고, 그런 생활을 한 지 10년이 넘었다.

작정서는 어떻게 작성할까?

작정서에는 내가 지키기 원하는 사항을 적는다. 그리고 잘 지켜진 사항은 잘 지켜지지 않은 사항으로 바꾸기도 한다. 이렇게 스스로를 훈련시킨 이유는 하나님 마음에 드는 사람이 되고 싶어서다. 그저 훌륭한 사람이 되고 싶어서가 아니라, 하나님께서 우리의 삶에 절제가 필요하고 훈련이 필요하다고 하셨기에 하나님 마음에 드는 사람이 되고자 작정서를 만들어 실천해본 것이다. 우리가 어떤 일을 할 때는 그 목적이 중요한데, 그리스도인이 자기 훈련을 하는 목적은 '하나님을 향한 사랑'이어야 한다고 나는 믿는다.

자기 훈련을 해나가는 과정에서 나에게 큰 도움을 준 성구 중 하나는 디도서 2장 12절 말씀이다.

> 우리를 양육하시되 경건하지 않은 것과 이 세상 정욕을 다 버리고 신중함과 의로움과 경건함으로 이 세상에 살고.

'우리를 양육하시되'라는 말이 영어성경에는 It teaches us to say "No"라고 나와 있다. "No"라고 해야 할 것에 대하여 "No"라고 단호하게 말하라고 우리를 가르친다는 것이다.

그런데 우리가 배워봐서 알지만 가르친다고 한번에 다 그대로 하는가? 그렇지 않다. 어떤 것은 한두 번 설명을 들어도 또 틀리기도 하고 아무리 여러 번 가르쳐도 도무지 풀 수 없는 어려운 문제들도 있다. 그러니 주님이 내게 "No"라고 말하라고 가르쳐주셔도 바로 "네, 알았어요! 그렇게 할게요!"라고 할 수 없는 때도 참 많다.

하나님께서 나에게 이 세상 정욕을 다 버리고 경건하지 않은 것들에 "No" 하라고 말씀하시지만 이 세상 정욕을 한꺼번에 버리는 일이 가능할까? 사람마다 물론 다르겠지만 대부분의 사람에게는 이런 일이 무리일 것이다.

속담 중에 "첫술에 배부르랴" "천리 길도 한 걸음부터"라는 말이 있지 않은가? 자기 훈련이라는 것도 하루아침에 다 이루어지리라는 생각을 버리는 것이 지혜라고 생각한다. 대신 실패하더라도 꾸준히 일관성 있게 실천하려고 노력하면 '영적 근육'을 만들어나가게 될 것이다.

나는 자기 훈련의 삶을 통해 더욱더 주님의 사랑을 배우게 된 것 같다. 넘어질 때마다 내 손을 다시 잡아주신 하나님! 내가 끝까지 잘해낼 수 있다고 천사들의 응원가를 쉬지 않고 들려주신 하나님! 넘어지는 순간에도 내가 노력했다는 그 하나만으로 기쁘시다고 격려해주시는 하나님!

당신의 삶에서도 자기 훈련이 훈련 그 자체로 끝나는 것이 아니라 사랑하는 하나님 앞에 드리는 아름다운 사랑의 표현이 될 수 있기를 바란다.

성경에서는 '믿음의 진보'를 서로에게 보여주라고 말한다. 그러므로 함께 신앙생활을 하는 믿음의 동역자들에게 자기 훈련을 통한 믿음의 진보를 보여줄 수 있는 방법을 나름대로 마련해둔다면 그것 역시 지혜가 아닌가 한다.

내가 하는 사역 중 하나는 '멘토링 사역'인데, 나는 자기 훈련을 위하여 만든 '매일 작정서'에 점수를 매겨 멘티들에게 매일 보내준다. 내가 어떠한 자세로 하루하루를 살고 있는지 알려주는 것이다. 그러면서 나 스스로의 삶에 더욱더 책임감을 갖게 되는 것이다.

"철이 철을 날카롭게 한다"는 말이 있듯이, 내 멘티들 역시 자신들이 훈련하는 사항들에 대하여 작정서를 만들고 그 작정서에 점수를 매겨 나에게 보내준다.

'율법적인 삶'을 권장하는 이야기가 아니다. 자기 훈련을 효과적으로 성공시키기 위한 아이디어를 제시하는 것이다. '자기 훈련'이 고문처럼 여겨져서는 안 될 것이다. 작정서를 만들 때는 너무 목표를 높게 잡지 말고 현실성 있게 잡는 것이 좋다. 그리하여 자신이 목표한 바를 모두 이루어 100점 맞을 때의 기쁨을 누리는 것을 권장하고 싶다. 자기 훈련을 기쁨으로 여길 수 있기를 바란다. 자기 훈련을 하면서 자신이 성숙해감을 경험하는 것은 기쁨일 수밖에 없기 때문이다.

Thankfulness [감사]

give thanks in all circumstances, for this is God's will for you in Christ Jesus_1 Thessalonians 5:18

감사, 내 삶의 능력

범사에 감사하라 이것이 그리스도 예수 안에서 너희를 향하신 하나님의 뜻이니라_살전 5:18

감사하는 마음도 능력이라고 생각한다. 감사하지 못할 상황인데도 감사가 나온다면 그것을 '능력'이라고 표현해야 마땅하지 않겠는가? 감사하게 되면 우리가 당면하고 있는 상황이 바뀌지는 않더라도 그 상황을 바라보는 우리의 자세가 바뀔 수 있다.

성경은 기도할 때 감사하는 마음으로 구할 것을 명령하고 있다. 우리는 무엇인가 마음에 소원하는 것이 있어서 그것을 이루어달라고 기도하는 때가 많이 있다. 그렇다면 능력 있는 기도란 '하나님이 들어주시는 기도'라는 뜻이 되겠고, 하나님이 들어주시는 기도를 하려면 하나님이 좋아하시는 말들을 잘 선택해야 할 것이다. 그러면 하나님이 좋아하시는 말은 무엇일까? 당연히 '감사의 말'일 것이다.

고난 중에도 먼저 감사하라

마가복음 4장을 보면 제자들이 예수님과 함께 배를 타고 있을 때 광풍을 만나는 장면이 나온다. 폭풍우가 몰아쳐 배가 뒤집힐 것 같은 상황인데 예수님은 아주 곤히 잠드신 듯 깨실 생각을 안 하신다.

다급해진 제자들이 주님을 깨운다. 주님은 제자들의 요청대로 바다를 잠잠하게 하신다. 그러나 제자들은 곧 "믿음이 그렇게 없느냐! 왜 무서워하느냐!" 하는 꾸짖음을 당한다.

우리 인생에는 폭풍우가 없겠는가? 흉흉한 파도가 우리를 삼킬 것 같은 때도 있을 것이다. 중요한 것은 그 상황 가운데 예수님이 함께하심을 기억하는 것이다. 그런데 파도가 칠 때마다 곤히 주무시는 주님을 깨우면서 "우리가 죽게 된 것을 보지 않으시나이까?" 하며 질책하고 따지듯이 이야기하면 주님이 기뻐하실까?

내가 주님이라면 아마 일어나자마자 이런 제자들에게 꿀밤부터 먹였을 것 같다. 그러나 우리 '쿨하신' 주님은 일단 제자들이 숨 넘어가도록 호들갑스러워하는 그 광풍을 딱 한마디로 멈춰주셨다.

나는 이와 관련해서 재미난 상상을 한번 해본 적이 있다. 주님을 깨울 때 다음과 같은 방법으로 깨워보는 것은 어떨까 하고 생각해본 것이다. "주님, 사역으로 인해 많이 피곤하신가 보군요. 이렇게 광풍이 몰아치는데도 잠을 깨지 않으시니까 말이죠. 곤히 주무시는데 깨워서 죄송합니다. 광풍 때문에 물이 자꾸 배 안으로 들어옵니다. 주님이 너무 곤히 주무셔서 저희도 웬만하면 계속 숙면을 취하셨으면 좋겠지만 저희 힘으로는 이 물을 다 퍼내기가 어렵습니다. 이런 상황에서 저희에게 주님이 함께하신다는 것은 참 큰 위로가 됩니다. 주님, 저희와 함께 계셔 정말 감사합니다. 그런데 잠시 일어나셔서 저희를 도와주시고 다시 주무시면 안 될까요? 주님 생각에 그래도 저희끼리 잘할 수 있다 생각하시면 그냥 주무셔도 괜찮습니다만, 저희에게는 주님이 조금만 도와주시면 이 일이 아주 순적하게 잘 해결될 것 같다는 믿음이 있습니다. 주님 잠시 일어나주실 수 있으신지요?"

이렇게 주님을 깨우면 주님께서 "이 믿음 없는 제자들아! 무엇을 두려워하느냐" 하고 혼을 내시겠는가 말이다. "음, 그래! 배에 물이 많이 들어왔나 보구나. 웬만한 일이면 내가 곤히 자는데 너희가 깨웠을 리가 없는데 말이다. 그래, 가보자. 얼마나 파도가 높은지, 물은 얼마나 많이 들어왔는지…. 참, 너희 다 수영은 할 줄 알지? 갈릴리 바닷가에서 뼈가 굵은 너희니 혹시 수영해야 한다면 같이 수영하면서 저편으로 건너가는 것도 좋겠구나!" 하고 말씀하시지 않을까?

가지 많은 나무 바람 잘 날 없듯이, 주님의 이름을 부르짖으며 바람이 심하게 불고 파도가 험하다고 아우성인 주님의 자녀가 하루에도 꽤 많을 것이라고 생각한다. 그런데 이때 적어도 몇몇 자녀들은 그렇게 부르짖지 않고 감사의 말을 먼저 하면서 나아간다면 주님의 마음에 적잖은 위로가 될 것 같다.

　주님께서 주무시면 "주님, 제 상황 아시죠? 이런 때 함께 계셔서 정말 감사합니다. 제가 굳이 주님 안 깨워도 어련히 알아서 해결해주실 것을 믿습니다. 만약 주님이 안 일어나셔서 광풍이 우리 배를 다 삼켜 죽게 된다 해도 주님과 함께 부활할 테니, 할렐루야! 계속 주무시다가 주님께서 일어나셔야겠다고 생각하실 때 일어나시옵소서" 하고 감사의 말로 기도드릴 수 있다면 주님이 기뻐하실 것 같다.

습관처럼 감사하라

　모든 환경에서 감사할 수 있는 것은 능력이다. 그러면 어떻게 이 능력을 키울 수 있을까? 감사에도 연습이 필요할 것이다. 나는 무슨 일이 터지면 제일 처음 용수철처럼 튀어나오는 반응이 "감사!"이다. 항상 그러하다고 말할 수는 없겠지만 몸에 밴 습관처럼 감사가 저절로 나온다.

　평소에 딸을 가르칠 때도 이렇게 말한다. "수진아, 어떤 일을 당했을 때 '감사의 말'은 응급처치라고 생각하면 좋을 것 같아. 일단 감사하고 보는 거야. 당시엔 왜 그 일이 일어났는지 몰라도 일단 무조건 감사의 말을 하는 거야. 나중에 알게 되겠지. 하나님이 왜 그런 일을 허락하셨는지 말야. 그러나 일단 감사의 말을 먼저 해두면 어떤 나쁜 상황에서도 응급처치는 된다고 생각해."

내가 그런 생각을 갖게 된 이유 중 하나는 불평해본들 따로 더 나은 방법이 있는 것이 아님을 알게 되었기 때문이다.

얼마 전에 손가락을 조금 크게 베였다. 여자들이 눈썹 정리할 때 쓰는 작은 칼이 있는데, 눈썹 정리를 끝내고 다시 그 칼을 칼집에 넣으려고 하다가 칼이 칼집에 안 들어가고 내 손을 그대로 베고 말았다. 피가 콸콸 솟아오를 정도로 상처가 깊었다.

지혈한다고 손가락을 꼭 붙잡고 피가 멈추기를 기다리는 동안 솟구치는 피 못지않게 솟구치는 감사의 조건들이 있었다.

"우와! 오른쪽 손가락이 아니라서 다행이다. 오른손 베면 아주 불편한데…."

"주님! 그래도 뼈까지 벤 것 같지는 않죠?"

"작업할 원고가 많은데 자판기 두드리는 데 큰 영향은 없을 것 같아 다행이네요!"

병원에 갔더니 피가 안 멈춰서 바늘로 꿰매야 한다고 했다. 마취주사를 맞는데 엄청 아팠지만, 아플 때는 늘 저절로 아픈 사람들의 심정이 생각나서 또 감사하게 되었다. 주변에 아픈 사람들이 있어도 위로의 편지 한번 제대로 못 보낸 것에 대해 회개기도를 할 수 있으니 감사했고, 그들을 이해할 수 있는 마음을 주시니 감사했고, 그들을 위해 더 마음 쓰면서 기도할 수 있으니 감사했다.

 또 병원 의사가 힌두교인이었는데 내가 그 앞에서 계속 하나님 이야기를 하니 그가 나를 보고 웃으면서 "그대가 믿는 하나님이 그대를 고쳐 줄 거다"라며 우리 하나님을 인정하게 만드셔서 감사했다. 마취가 풀릴 즈음 시큰거리며 아팠지만 그래도 의사가 준 진통제를 먹을 수 있었으니 감사했고, 절대로 물에 들어가면 안 된다는데 샤워도 미리 해두었기에 감사했고, 감사가 아닌 것은 아무것도 없다는 것에 감사했다.

 평소에 '최고의 날' 묵상편지를 쓰면서 "감사, 감사, 왕 감사!"라는 표현을 매일 쓰는데, 이렇게 감사가 습관이 되어 있어서 무슨 일이 생기면 습관처럼 감사의 말이 저절로 튀어나올 수 있으니 참 감사한 것이다.

 감사로 제사를 지내는 자는 여호와를 영화롭게 한다고 했다. 우리 삶의 목표는 하나님을 영화롭게 하는 것이다. 그런데 이렇게 모든 일에 감사의 말을 하면 저절로 하나님을 영화롭게 하는 삶을 살게 되는 것이니, 어찌 감사의 능력을 키우지 않을 수 있겠는가?

 내가 멘토링 사역을 하면서 멘티들에게 매일 내주는 숙제 중 하나는 '감사 조건 목록 만들기'다. 하루 동안 있었던 일 중에서 감사의 조건들을 찾아 목록을 만든 후 나에게 보내라는 것이다. 힘들어도 돌이켜 감사하려고 노력했던 일들을 찾아보고 '돌이켜 감사하기'를 연습

해보라고 한다. 처음에는 멘티들이 감사할 조건 찾는 것을 버거워하다가 시간이 지나면서 아주 자연스럽게 모든 일에서 감사의 표현을 하게 되는 것을 보았다. 감사는 이렇게 습관화할 수 있는 것이다.

선교사님, 이것이 궁금합니다!

임은미 선교사와 함께하는 신앙 상담 4

"지은 죄가 너무 많은데 이런 내 삶도 회복될까요?"

Q. 저처럼 이렇게 많은 죄를 지은 사람도 하나님이 사용해 주실까요? 너무 우울하고 제대로 할 줄 아는 것도 없는데 이런 나에게도 소망이 있을까요?

A. 상담하다 보면 위와 같은 고민을 하는 사람이 많은 것을 볼 수 있다. 이것은 다음 말씀과 상통하는 고민들이다.

그런즉 인자야 너는 이스라엘 족속에게 이르기를 너희가 말하여 이르되 우리의 허물과 죄가 이미 우리에게 있어 우리로 그 가운데에서 쇠퇴하게 하니 어찌 능히 살리요 하거니와(겔 33:10).

하나님은 에스겔 선지자를 통해 이렇게 대답하신다. "나의 삶을 두고 맹세하노니 나는 악인이 죽는 것을 기뻐하지 아니하고 악인이 그의 길에서 돌이켜 떠나 사는 것을 기뻐하노라 이스라엘 족속아 돌이키고 돌이키라 너희 악한 길에서 떠나라 어찌 죽고자 하느냐"(겔 33:11).

하나님의 뜻은 악인의 멸망이 아니라 악인의 회개인 것이다. 악인이라도 돌아오면 된다. 죽는다는 소리는 할 필요가 없다는 것이다. "나 같은 것이 이 세상 살아서 뭐하나요?" 이런 말은 하지 말라는 것이다. 지은 죄가 주홍빛과 같이 붉다 하더라도 예수님의 보혈로 다 덮어주신다. 따라서 우리는 소망을 가지고 회복을 믿어야 한다. 죄 사함을 믿고 다시 시작해야 한다. 그것이 바로 하나님이 기뻐하시는 뜻이다.

그가 본래 범한 모든 죄가 기억되지 아니하리니 그가 반드시 살리라 이는 정의와 공의를 행하였음이라 하라(겔 33:16).

성경에는 우리가 범한 모든 죄가 기억되지 않는다고 분명히 기록되어 있다. 하나님께서 어떤 죄는 기억하시고 어떤 죄는 기억하시지 않는다고 말씀하셨는가? 그렇지 않다. '모든 죄'를 잊으신다고 말씀하셨다. 크고 작은 모든 죄, 사람들이 이해하지 못할 범주의 죄까지 모조리 다 잊으신다고 말씀하셨다.

주저앉는 것은 주님의 뜻이 아니다. 자신을 끊임없이 자책하면 주님이 기뻐하시지 않는다. 회개하고, 악한 습관들을 버리고, 앞으로 더욱더 좋은 일을 행하자.

회개하고 돌이켜서 더 이상 악을 행하지 않고 정의와 공의를 행하는 자의 죄는 아무것도 기억하시지 않는다고 하시니, 우리 주님 참 멋지지 않은가?

이사야 43장 18~21절에는 "너희는 이전 일을 기억하지 말며 옛날 일을 생각하지 말라 보라 내가 새 일을 행하리니 이제 나타낼 것이라 너희가 그것을 알지 못하겠느냐 반드시 내가 광야에 길을 사막에 강을 내리니 장차 들짐승 곧 승냥이와 타조도 나를 존경할 것은 내가 광야에 물을, 사막에 강들을 내어 내 백성, 내가 택한 자에게 마시게 할 것임이라 이 백성은 내가 나를 위하여 지었나니 나를 찬송하게 하려 함이니라" 하는 말씀이 나온다. 이전 일을 기억하지 말라는 명령이다.

옛날의 좋은 일을 기억하지 말라는 명령이 아니라 우리를 힘들게 하는 죄악 된 기억들을 버리라는 것이다. 그렇게 하면 어떤 약속의 말씀이 주어지는가? 하나님이 새 일을 행하시겠다고 하신다. 광야에 길을, 사막에 강을 낸다는 것은 곧 기적을 말한다. 죄악 된 과거의 기억을 잊어버리는 자들에게 기적 같은 새 일들이 일어난다는 것이다.

하나님께서 그렇게 하시겠다는 이유는 바로 하나님의 백성들이 하나님을 찬송하게 하려 함이라고 성경은 밝히 말씀해준다. 하나님은 우리가 과거의 죄악을 사하여주신 하나님께 감사함으로 나오기를 원하신다. 그럴 때 우리는 모든 상처를 치유받고 다른 영혼들도 하나님께로 인도하며 하나님이 무한한 찬송과 영광을 받으시도록 도구가 된다는 것이다. 그 누구라도 하나님의 도구가 될 수 있다. 그 죄가 어떠했든지 하나님이 명령하신 대로 옛일을 잊고 새로운 일을 행하실 하나님을 바라보는 것이 곧 하나님이 기뻐하시는 일이다.

United in love
[사랑 안에서의 연합]

If you have any encouragement from being united with Christ, if any comfort from his love, if any fellowship with the Spirit, if any tenderness and compassion, then make my joy complete by being like-minded, having the same love, being one in spirit and purpose_Philippians 2:1~2

사랑 안에서 연합된 삶 한 마음을 가지라

> 그러므로 그리스도 안에 무슨 권면이나 사랑의 무슨 위로나 성령의 무슨 교제나 긍휼이나 자비가 있거든 마음을 같이하여 같은 사랑을 가지고 뜻을 합하며 한마음을 품어 _빌 2:1~2

빌립보서 2장 1절은 한글성경에서는 '그러므로'라는 단어로 시작되지만 영어성경에서는 'If(만약)'라는 단어로 시작된다. 그러면 영어성경대로 이 구절을 다시 해석해보자.

만약 당신이 예수님과 하나가 되고 난 후 용기를 갖게 된 일이 있었다면, 만약 예수님의 사랑으로 인하여 위로를 받은 적이 있다면, 만약 성령님과의 교제가 있었다면, 만약 긍휼이나 자비가 있었다면, 마음을 같이하여 같은 사랑을 가지고 뜻을 합하여 한 마음을 품으라.

신앙생활을 하면서 위와 같은 경험이 없는 사람은 하나가 되지 않아도 된다는 말이기도 하다.

그러나 중생하고 난 다음 그런 경험이 없는 사람이 있다면 그 사람은 아직 거듭나지 않았다는 말과 같다. 하나님이 거듭난 그리스도인들에게 원하시는 것은 무엇인가? "봐라. 네가 이러한 혜택을 나로부터 받았다. 나 때문에 은혜받고 위로받고 네 죄가 무엇인지 깨닫게 되었지? 그렇다면 교회에서 하나 되기를 힘써라."

다시 말해 우리에게는 선택의 여지가 없다. 하나 되는 마음을 가져야 하는 것은 선택이 아니라 필수라는 것이다. 그러면 이러한 삶의 태도가 우리 삶에 어떻게 '열매'로 나타날까?

예수님의 마음을 본받자

몇 년 전, 성탄절 주일 설교를 준비하고 있을 때였다. 설교 제목은 '예수의 마음을 본받자!'였다. 나는 이 설교를 아프리카어인 키스왈리어로 준비하고 있었다. 키스왈리어를 유창하게 하지는 못해서 설교를 다 적은 후 외워서 설교하려고 마음먹었다. 성도들은 내가 영어를 쓰는 것보다 키스왈리어를 쓰는 것을 좋아하기 때문에 나름 심혈을 기울여 준비하고 있었다.

그런데 시골에 있던 현지인 동역자 한 사람이 가족을 모두 데리고 온 것이다. 토요일은 우리 집에서 일해주는 사람이 오전까지만 일을 하고 집으로 간다. 그리고 월요일에 다시 온다. 그러니 지금 시골에서 올라온 이 전도사님 밥을 내가 해주어야 한다는 이야기인데, 나는 설교 준비로 너무 바빠서 정신이 없었다. 그때 딸 수진이가 오더니 저녁 만드는 것도 도와주고 전도사님의 아이들도 씻기겠다고 했다.

그런데 나는 아이들이 내가 쓰는 목욕탕에 들어가는 것이 싫었다. 그래서 수진이에게 아이들이 찬 물, 뜨거운 물 트는 것도 잘 모르고 보일러를 틀면 전기세도 나올 테니 아래층에서 물을 데워 씻게 하는 게 어떠냐고 했다. 그러자 수진이는 목욕탕 보일러 올리는 것과 찬 물, 뜨거운 물 조절하는 것은 자기가 가르쳐줄 테니 걱정할 필요가 없다고 했다. 이거야 원, 누가 철이 든 어른이고 누가 철없이 이기적인 아이인지….

준비하고 있던 설교의 제목이 '예수의 마음을 본받자!'였는데, 주님께서 나에게 설교하기 전 예수님의 마음을 본받을 수 있는 기회를 허락하신 것이었다. 그러나 그 기회를 충분히 금방 누릴 수 없었던 나는 주님께 회개기도를 드렸다.

"주님, 주일에 설교할 주제를 실천할 수 있는 기회를 주셨지만 제 마음은 불편하기 짝이 없습니다. 저 바쁜데, 그것도 거룩한 설교 준비 하느라 정신없는데 귀찮게 이런 일이 생기다니요! 저는 도대체 왜 이럴까요? 참 형편없는 선교사가 아닐 수 없습니다."

그러자 성령님이 내게 이렇게 답하셨다. "괜찮아! 네 수준이 그 정도인데 어떻게 하겠니? 회개하고 자유를 얻으렴. 다음에는 잘할 수 있어! 알았지?" "진리가 너희를 자유케 하리라"는 성구가 떠올랐다. "그래, 내 수준이 여기까진데 어쩌겠어? 다음엔 잘해야지!"

그러고는 주일이 되었다. 외워간 키스월리어 설교를 잘 마친 후 영어로 후편 설교를 하나 더 하기 시작했다. 어제 있었던 일에 대한 간증이었다. 설교 제목은 그럴싸하게 '예수의 마음을 본받자!'였지만 정작 주님이 그 말씀대로 살 수 있도록 기회를 주었을 때는 그대로 행하지 못했던 나에 대해, 그리고 그럼에도 불구하고 나를 위로해주신 주님에 대해 말했다.

"나는 성탄절을 맞이하여 여러분에게 예수님이 필요하다고 설교하려고 했습니다. 그런데 주님은 정작 예수 그리스도가 필요한 것은 여러분이 아니라 나라고 가르쳐주셨습니다. 여러분만 예수님이 필요한 것이 아니고 저도 예수님이 필요합니다. 우리 모두 예수님이 필요합니다."

그렇게 설교하는 내 눈에서는 자꾸 눈물이 흘렀다. 내게 필요한 예수 그리스도! 내가 말씀대로 살 수 있도록 도와주시는 그분이 내가 말씀을 전할 성도들뿐 아니라 설교자인 나에게도 필요하신 분이라는 것을 깨달았다. 그날 나도 울고 성도들도 울며 "주 예수 그리스도 당신이 우리 모두에게 필요합니다"라는 기도를 올렸다.

사랑 안에서 연합된 삶, 한 마음을 가지라

예수님을 믿고 그분을 본받는 일은 쉬운 일이 아니다. 그러나 주님은 우리의 연약함을 아시고 그 연약함을 담당해주신다.

그리고 시간이 얼마나 더 흘렀는지는 잘 기억나지 않는다. 나는 케냐에서 교회 개척 사역을 해서 현지인 동역자들이 꽤 많이 있다. 크리스마스에는 함께 모여 즐거운 파티를 여는데 그날도 크리스마스 축하 파티로 다 함께 모였다.

많은 동역자가 교회 개척 때부터 함께한 사람들이어서 서로를 잘 안다. 지난 한 해를 돌아보면서 이런저런 이야기들을 나누던 중에 한 사역자가 이렇게 말했다.

"예전에는 우리 가운데 싸움과 분쟁, 다툼, 시기, 질투도 많았습니다. 그런데 이제는 그렇지 않습니다. 서로 사랑하며 하나가 되었습니다. 때로 사역을 그만두고 싶다거나 포기하고 싶다는 생각을 한 적이 있었습니다. 그런데 그때마다 포기하지 않게 된 것은 유니스 선교사님의 좋은 본보기를 보았기 때문입니다. 나는 유니스 선교사님이 포기하는 것을 본 적이 없습니다. 어려움이 있을 때면 항상 같이 기도하고 어려운 일을 나누고 난 다음에는 의연하게 해야 할 일을 하던 유니스 선교사님을 보면서 많은 것을 배웠습니다. 이제는 유니스 선교사님이 다른 나라에 집회차 가서 자리를 비울 때에도 우리와 함께하는 선교사님의 영을 느낄 수 있습니다. 그래서 우리는 이제 싸우지 않게 되었습니다. 화합하게 되었습니다. 우리는 모두 개성이 달라서 유니스 선교사님 속을 많이 상하게 했습니다. 그러나 유니스 선교사님은 한 번도 우리를 포기한 적이 없습니다. 우리를 참 사랑해주었습니다. 우리를 있는 그대로 늘 품어주었습니다. 우리가 이렇게 하나 되어 사랑하기까지 오래 참아준 유니스 선교사님께 진심으로 감사합니다."

이런 이야기를 내 입으로 말하는 것은 겸연쩍은 것이 사실이다. 그럼에도 이런 이야기를 하는 것은 하나님이 나를 키워주셨다는 말을 하고 싶어서다. 나 스스로도 내가 설교하는 대로 실천하지 못하고 있다는 자괴감에 빠졌던 날도 있었지만 이렇게 현지인들로부터 칭찬과 격려를 받을 수 있도록 그 과정을 함께해주시며 포기하지 않으시고 나의 성숙을 도와주신 하나님께 감사한다.

함께 연합하고 하나 되기 쉬운 이웃만 우리에게 있겠는가? 그렇지 않을 것이다. 나를 사랑하기 힘든 이웃이 있을 것이고, 내가 사랑하기 힘든 이웃 역시 있을 것이다.

하지만 그런 우리 모두를 너무나 쉽게 사랑하시는 주님을 보면서 그 크신 사랑을 배워갈 수 있으니 감사한 일이다. 이렇게 우리는 자라가는 것이다. 하나님이 우리를 얼마나 사랑하는지를 알면 우리에게도 이웃을 사랑할 수 있는 능력이 생겨날 것이다.

주 예수 그리스도와 먼저 하나가 되고 그 안에서 자라가며 이웃과도 하나 되는 마음을 가질 수 있기를 쉬지 않고 기도하자. 주님은 우리가 모든 사람과 하나 되지 못한다고 꾸짖고만 계시지 않는다. 인내

사랑 안에서 연합된 삶, 한 마음을 가지라

하고 기다려주시고 도와주신다. 그런 '하나님의 눈'으로 이웃을 보고 나를 보면서 주님이 원하시는 사랑의 마음을 키워갈 수 있기를 소망한다.

Victory in Jesus
[예수 안에서의 승리]

for everyone born of God overcomes the world. This is the victory that has overcome the world, even our faith_1 John 5:4

승리,
주님 안에서 승리는 우리의 것

무릇 하나님께로부터 난 자마다 세상을 이기느니라 세상을 이기는 승리는 이것이니 우리의 믿음이니라 _요일 5:4

어느 신학교에서 일하던 환경미화부가 성경을 보고 있었다. 그 신학교 교수 중 한 사람이 지나가다가 "당신, 뭘 읽고 있습니까?" 하고 물었다. 그는 "아! 요한계시록을 읽고 있습니다" 하고 대답했다. 교수가 다시 물었다. "이해하기 힘들지 않습니까?" 그러자 그가 답했다. "아니요. 아주 쉽습니다. 우리가 결국에는 이긴다는 말 아닙니까!" 그렇다. 우리는 이기게 되어 있다. 예수님이 이미 이기셨으니 우리는 이길 전쟁을 하고 있는 것이다.

'승리'라는 말은 전쟁을 하고 난 다음에 쓰는 말이다. 전쟁 없이 승리란 말을 표현하기는 어려운 것이다. 우리 그리스도인들은 어떤 전쟁을 하고 있는가? 영적 전쟁을 하고 있다. 매일같이 전쟁에 임하고 있는데, 전쟁이라 한다면 상대편이 있어야 한다. 또한 전쟁터가 있을 것이고 무기가 있을 것이고 아군과 적군도 있을 것이다.

전쟁할 때 필요한 마음

전쟁을 할 때 중요한 것은 '사기'이다. 전쟁하러 나가면서 '나는 이 전쟁에 이길 수 있어!'라는 확신을 가지고 나가는 것과 '내가 이 전쟁에서 이길 수 있을까?' 하는 의심을 가지고 나가는 것과 '나는 이 전쟁에서 이길 수 없어!' 하며 아예 질 생각을 하고 나가는 것에는 큰 차이가 있을 수밖에 없다.

전쟁을 할 때는 그 전쟁에서 이긴다는 확신이 반드시 필요하다. 그러한 확신은 전쟁의 승패에 막대한 영향을 미칠 것이다. 어쩌면 매 전쟁에 이기지 못할 수도 있을 것이다.

그러나 전쟁은 한 번만 있는 것이 아니다. 우리가 이 땅에 사는 동안 끊임없이 전쟁을 치를 것이다. 그러므로 때때로 넘어지고 쓰러지고 패배의 잔을 마시는 일이 있더라도, 전쟁한 모든 횟수를 세어보아 승리한 날과 패배한 날을 비교한 후 마지막 승리를 결정할 때 '나는 확실히 승리자다!'라는 고백을 하게 될 확신이 있다는 것은 중요한 일이다.

중국말에 '지피지기 백전백승'이라는 말이 있다. 나를 알고 적을 알면 백 번 싸워 백 번 이긴다는 말이다. 성경은 우리의 싸움은 혈과 육의 것이 아니라고 한다. 공중의 권세를 잡은 자들과 싸우는 영적 전쟁이라고 한다.

그렇다면 우리의 적은 우리의 형제자매가 아니라는 것을 일단 알아야 한다. 우리의 원수는 마귀인 것이다. 마귀와의 전쟁에서 전쟁터는 우리 마음밭이다. 여기에는 하나님도 계시고 마귀도 있다. 우리 마음에서 일어나는 생각들이 성령의 소욕에 속한 것이면 우리가 이기는 날인 것이고, 우리 마음이 육신의 소욕을 좇게 되는 날은 우리가 지는 날이다.

영적 전쟁에서의 무기

영적 전쟁에서도 당연히 무기를 사용한다. 그렇다면 마귀는 어떤 무기를 사용하고 우리는 어떤 무기를 사용할까?

에베소서 6장에는 '하나님의 전신갑주'와 '구원의 투구'라는 말이 나온다. 싸움을 할 때 머리를 다친다면 치명적인 상처가 될 것이다. 믿는 사람들이 '구원의 확신'을 갖고 있다는 것은 전쟁할 때 투구를 쓰는 것에 비유될 만큼 중요한 것이다.

당신은 구원받은 것에 대한 확신이 있는가? 어떤 신학자들은 사람이 한 번 구원을 받아도 그 구원을 잃을 수 있다는 말을 하고, 어떤 신학자들은 한 번 구원을 받으면 영원한 구원이니 잃어버릴 리 없다고 말한다. 어떤 신학자의 말을 더 믿고 싶은가? 믿고 싶은 이론을 그냥 믿으면 되는가? 거듭난 사람으로서 마땅히 맺어야 할 열매를 맺으면서 살고 있다고 확신한다면 어떤 이론을 믿든 구원에 대한 흔들림이 없으리라고 생각한다.

중생한 사람들의 열매는 남을 위해 살고 싶어 하는 마음이다. 인자가 온 것은 섬김을 받으러 온 것이 아니라 섬기러 온 것이기에 우리 역시 구원을 받으면 예수님처럼 남을 섬기면서 살기를 원하게 된다.

나는 에베소서 6장에 나오는 '진리의 띠'를 보면서 바지에 매는 허리띠를 생각해보았다. 만약 허리띠를 하지 않아 공식석상에서 바지가 흘러내린다면 참으로 부끄러울 것이다. 마찬가지로 우리 믿는 사람들이 진리 되는 하나님의 말씀에 대한 지식이 없다면 원수와의 싸움에서 부끄러움을 당하게 될 수 있다는 것을 염두에 두고, 성경공부에 시간을 투자해야 할 것이다.

'의의 호심경'이라는 무기는 우리의 의가 아니고 예수님의 의라는 것을 잊지 말아야 한다. 우리 힘으로는 착하게 살 수 없다. 우리가 아무리 절제하고 훈련된 삶을 살아도 역시 죄성을 갖고 있는 인간이기 때문이다. 하지만 넘어질 때 다시 금방 일어날 수 있는 비결은 바로 예수님의 의를 의지하는 것이다. 그러므로 우리 의가 아니라 예수님이 이루어주신 의를 의지해야 함을 명심하는 것이 바로 호심경의 든든한 역할이라고 하겠다.

'믿음의 방패'는 우리가 어떤 힘든 일을 만나도 하나님이 우리와 함께해주신다는 믿음을 가지며, 좌절을 극복하고 실망과 슬픔을 이기게 해주는 무기이다.

'복음의 신발'이라는 말도 나온다. 신발은 우리가 균형 있게 잘 설 수 있게 해준다는 것을 생각할 때 우리의 삶에 균형이 있으려면 복음을 전하는 실천이 있어야 함을 알 수 있다. 자기만 교회 가서 은혜받고 성경 지식을 넓혀가는 것도 중요하다. 하지만 때를 얻든지 못 얻든지 믿지 않는 자들에게 복음을 전하는 것은 영적 전쟁에서 중요한 무기가 된다.

옛날 중국에는 '전족'이라는 풍습이 있었다. 여자가 귀했던 중국에서는, 여자아이가 태어나면 커서 도망가지 못하게 하려고 작은 신발을 신겨 발이 많이 커지지 못하게 했던 것이다. 사람이 발이 작으면 잘 뛸 수 없고, 뛴다 하더라도 금방 넘어지게 된다.

그렇다면 우리가 교회 안에서 자꾸 넘어지고 시험받고 상처받는 일은 왜 일어나는 것일까? 우리가 전도, 곧 복음 전하는 일을 잘 하지 않으니 발이 그 역할을 제대로 못해서 교회 안에서 자꾸 넘어지는 것이 아닐까? 전도는 전쟁터에서 군사가 무기를 휘두를 때 균형을 이루는 것만큼 중요한 일이라 하겠다.

'성령의 검'은 말씀이다. 우리가 전쟁에서 방어만 하고 있다면 전쟁을 하는 기간이 길어질 것이며 승패를 가리는 것 역시 오랜 시간을 필요로 할 것이다. 그러니 단칼에 적을 벨 수 있는 공격용 무기가 필요하다. 그것이 바로 하나님의 말씀인 것이다. 우리가 알고 있는 말씀, 외우고 있는 말씀들을 성령의 검이라고 한다면, 날센 성령의 검을 가지고 있다는 것은 그 말씀들을 그대로 실천한다는 것이다.

그런데 검이라도 너무 오래 사용하지 않아 녹슬어 있거나 날이 서지 않은 검은 원수를 공격하는 것이 아니라 오히려 아군인 우리 형제자매를 아프게 할 수도 있으므로 조심해야 한다. 하나님의 말씀을 잘못 사용하는 것은 녹슨 검이나 날이 서지 않은 검에 비유할 수 있겠다. 단 한마디 성구를 이야기하더라도 그 말씀이 하나님께서 직접 하시는 말씀처럼 임할 수 있도록 해야 할 것이다.

전쟁을 할 때 우리는 혼자가 아니다. 응원군이 하늘의 구름 떼와 같이 많이 있다는 것을 기억해야 한다. 그리고 이 땅에서도 서로를 위해 기도해주고 주 안에서 서로 권면하여 함께 믿는 자들의 사기를 도와야 한다.

우리는 매일 영적 전쟁을 치를 때 승리가 우리의 것임을 확신해야 한다. 가끔 넘어지고 패배를 당하더라도 마지막 승리는 우리의 것임을 확신하고 희망적인 자세를 버리지 않아야 한다.

승리는 우리의 것이다. 도중에 포기하지 말고 끝까지 믿음의 경주를 달려가는 우리 모두에게 승리의 면류관이 기다리고 있을 것이다. 기쁨으로 미래를 내다보며 하루하루 승리의 날을 살기 바란다.

Witnessing [전도]

But you will receive power when the Holy Spirit comes on you; and you will be my witnesses in Jerusalem, and in all Judea and Samaria, and to the ends of the earth_Acts 1:8

전도, 일단 말로 선포하라

오직 성령이 너희에게 임하시면 너희가 권능을 받고 예루살렘과 온 유대와 사마리아와 땅 끝까지 이르러 내 증인이 되리라 하시니라_행 1:8

내가 중학교 1학년 때였을 것이다. 학교에 가면 나를 볼 때마다 전도하는 친구가 있었다. 나는 교회 가는 것이 싫었다. 그러나 그 친구는 집요하게 교회에 같이 다니자고 권고했고, 결국 나는 교회를 다니게 되었다. 교회를 다니다 보니 어느새 교회 문화에 익숙해졌고, 고등학교 1학년 때는 '여름 수양회'를 통해 예수님을 개인적인 구세주로 영접하기도 했다.

나를 교회로 인도했던 그 친구가 지금 어디서 무엇을 하는지는 알지 못한다. 하지만 내가 그렇게 가기 싫다고 했던 교회를 나갈 수 있도록 집요하게 전도해준 그 친구에게 늘 고맙다.

그런데 그 친구는 그때 당시 학교 다닐 때 평판이 썩 좋지는 않았다. 그럼에도 불구하고 나를 '구원의 길'로 인도한 것은 다른 친구가 아닌 바로 그 친구였다. 이를 통해 나는 전도의 중요성과 전도자의 행실에 대해 다시 한 번 생각하게 되었다.

입으로 복음을 증거하라

　예수님 안 믿는 사람들이 예수님 믿는 사람들의 잘못된 행실을 비판하는 것이 싫어서 자기는 모범된 행실로 전도하겠다고 결심한 사람이 있었다. 그는 직장 다니면서 단 한 마디도 예수님에 대한 이야기를 하지 않았다고 한다. 그리고 성실하게 동료들을 대하며 정말 착한 사람으로서의 삶을 보여주기 위해 최선을 다했다고 한다. 그러면서 속으로 언젠가 동료들이 나를 보고 예수님을 믿게 될 것이라고 믿었다는 것이다.

　어느 날 회사에 갔더니 같이 일하던 동료가 아주 기쁜 얼굴로 어제 예수님을 구세주로 영접했다는 말을 하더라는 것이다. 그래서 이 사람은 '아, 드디어 이 동료가 나를 보고 감동을 받아 예수님을 믿게 되었구나' 하고 생각했다고 한다. 그래서 그 동료에게 어떻게 예수님을 영접하게 되었냐고 물어보았더니 어젯밤에 친구가 자기를 데리고 교회에 갔는데 그날이 마침 부흥회 날이었다고 한다. 설교를 마친 목사님이 우리 모두가 죄인인 것과 예수 그리스도를 영접해야 구원을 얻는다는 것을 말씀하시면서, 예수님을 영접하고자 하는 사람은 일어나라고 하기에 자기도 그 자리에서 일어나 영접 기도를 했다는 것이다.

그 이야기를 듣고 이 사람이 물어봤다고 한다. "그러면 당신은 지금까지 나랑 같이 일하면서 나를 보며 예수님을 믿고 싶다는 생각은 들지 않았나요?" 그러자 그 동료가 이렇게 말했다고 한다. "당신도 예수를 믿나요? 나는 당신 때문에 예수님을 더욱 안 믿고 있었죠. 당신같이 예수님을 믿지 않아도 착하게 사는 사람이 있는 것을 보면서 내가 굳이 예수님을 믿어야 할 이유를 알지 못했거든요." 이는 왜 우리가 입으로 복음을 증거해야 하는지를 잘 알려주는 예화이다.

성경에 "전파하는 자가 없이 어떻게 예수를 믿으리요?" 하는 말씀이 있다. 우리가 착한 행실을 보여주는 것은 하나님의 영광을 드러내는 일로 필수지만, 예수님을 믿지 않는 이들을 전도할 때는 '복음'을 그대로 알려주는 것이 중요하다.

물론 내가 모범적으로 살지 못하여 전도 대상자가 그 말씀을 흔쾌히 받아들이지 못할 수도 있겠지만, 그래도 예수님이 누구신지는 말로 증거해야 하는 것이 아닐까? 나에게 전도받는 사람이 내가 얼마만큼 주님을 잘 믿고 섬기며 사는가에 따라 예수님을 영접하게 되는 것은 아니라고 생각한다. 나 같은 경우도 나를 전도하던 사람의 삶의 열매와는 상관없이 예수님을 영접하게 되었다.

전도의 의미를 깨닫다

나는 사실 선교사가 되고 난 다음에도 전도하는 것을 그렇게 좋아하는 편은 아니었다. 누구에게 무엇을 강요한다는 느낌도 불편했고, 내가 전도할 때 바로 예수님을 믿겠다고 말하지 않는 상대편에 대한 자비나 인내심 역시 내게는 없었기 때문이다. 그런데 케냐 선교사가 된 후 하나님은 여러 경로를 통하여 나에게 '전도의 중요성'을 말씀해주셨다.

그중 한 가지는 내 가까이에 있던 어떤 사람이 감옥을 가게 된 일이었다. 나는 그 사람과 무척 친했고 그는 무척 억울하게 감옥에 가게 되었다. 물론 선하신 하나님이 그런 상황을 허락하셨다는 것을 믿고 감사하는 마음을 갖기는 했으나 마음이 무척이나 어려웠던 것이 사실이다. 나는 그를 위하여 금식기도도 자주 했고 그가 낮은 형량을 받거나 풀려나기를 간절히 기도했다. 하지만 그는 생각보다 더 가중한 처벌을 받게 되었다. 나에게 참으로 소중한 사람이 감옥에 가는 것이 너무나 안타까워서 눈물로 간구했던 그 시간을 통해 하나님은 나에게 말씀하셨다.

"네가 그 사람을 그렇게 아껴서 그가 벌받지 않게 하기 위해 간절히 기도를 드렸지? 그런데 이 땅에는 나를 구주로 영접하지 않아서 지옥 가는 사람이 얼마나 많니? 그에 대해서는 안타까움이 없느냐?"

나는 전도받은 사람이 예수님을 믿겠다는 말을 하지 않았을 때도, 그 사람이 장차 그러한 불신으로 인하여 받아야 할 영원한 지옥 불의 형벌에 대하여 안타까워하는 마음이 없었던 것이다. 아마 그래서 더 간절한 마음으로 전도를 하지 않았는지도 모르겠다.

그러나 내가 아끼고 소중히 여기던 그 사람이 감옥에 가게 된 일을 통하여, 하나님을 믿지 않는 사람들이 받을 벌을 피하게 해주기 위해 전도해야 한다는 생각을 갖게 되었다.

그 사람이 감옥에 들어가기 전에 만났다. 위로와 격려의 말을 나름대로 해보았으나 그러한 말이 그 사람에게 얼마만큼 도움이 되었는지 모르겠다. 그때 그 사람이 내게 해준 말은 아직도 내 마음에 깊은 메아리가 되어 남아 있다.

"나는 지금까지 이 땅에서 성공을 추구해왔고, 그 성공이 내 것이라고 여기게 된 지금 이런 일이 나에게 벌어졌어요. 이런 일이 생긴 후 내 인생을 돌아보니 내가 세상적으로는 성공했었는지 모르겠지만 영원히 없어지지 않을 하늘의 것들에 대해서는 투자한 것이 전혀 없다는 것을 알게 되었어요. 그동안 나만을 위하여 살았더군요. 이렇게 '성공'만을 좇아 살아온 내 인생을 후회해요. 감옥에 갔다 오면 나를 위해 살지 않고 남을 위해 사는 사람이 되려고 노력할 겁니다!"

그 사람이 감옥에 간 후 면회를 갔었다. 죄수복을 입고 앉아 있는 그 사람이 한때 젊은이들이 추구하던 '성공'을 자랑하면서 살던 사람으로 보일 리는 없었다. 그는 나에게 참으로 중요한 존재였기에 죄수복을 입고 내 앞에 앉아 있는 그를 바라보는 나의 마음은 그야말로 억장이 무너지는 것 같았다.

면회를 마치고 감옥을 나오면서, 나는 왜 주님이 "너는 내가 옥에 갇혀 있을 때 돌아보지 않았고"라는 말씀을 하셨는지 생각해보게 되었다. 누가 옥에 갇혔는가? 예수님 믿지 않는 모든 사람은 창살이 없는 감옥에 죄수로 갇혀 있는 사람들이 아니겠는가? 이들을 돌보라는 뜻이 무엇이겠는가? 바로 이들을 찾아가서 복음을 전하고 그 감옥에서 자유의 몸이 되도록 해주어야 한다는 뜻이다. 내가 아끼는 사람이 감옥에 가게 된 일은, 나에게 '과연 전도란 무엇을 의미하는가'라는 것에 대한 새로운 마음을 갖게 해주었다.

그 일 이후로 나는 예전에 하지 않던 일 한 가지를 하게 되었다. 택시를 타면 기사님을 전도하기 시작한 것이다. 물론 내가 타는 모든 택시의 기사님을 전도하는 것은 아니지만 그 이전에는 전혀 하지 않았던 전도를 하게 된 것이다. 보통 친절하게 이런저런 이야기로 말을 시작해서 일단 기사님이 예수님을 믿지 않는 분인 것을 알게 되면 나는 내가 선교사라는 것을 이야기해준다. 그러고는 물어본다. "선교사가 뭐하는 사람인지 아십니까?" 보통 예수님 안 믿으면 선교사가 뭐하는 사람인지에 대한 확실한 개념이 없다. 그러면 내가 그런다. "선교사가 뭐하는 사람이냐면요. 물 건너 강 건너 언어가 다르고 문화가 다른 곳에 가서 예수님이 누구인지를 가르치는 사람이에요."

그렇게 나는 택시 안에서 전도를 한다. 그리고 말을 마치고 택시를 내릴 즈음 이렇게 이야기한다. "오늘 기사님을 만난 것은 우연이 아니라고 생각해요. 하나님 안에서 우연이란 것은 없거든요. 오늘 제가 기사님을 만나서 드린 말씀으로 인하여 기사님께서 예수님을 믿게 될지 안 믿게 될지 잘 모르겠지만, 믿게 되시면 천국 문 앞에서 저를 만날 때 아마 이 세상에서 만난 사람 중에 가장 고마운 사람으로 여기며 인사하게 될 거예요. 제가 기사님 위해 기도할게요. 기사님을 천국에서 꼭 다시 만나게 해달라고 말이죠."

그리고 내릴 때는 잔돈을 받지 않는다. 택시요금이 만 원을 넘으면 2만 원을 드리면서 "기사님, 남는 돈은 교회 가서 헌금하시라고 드리는 거예요. 알았죠? 이건 헌금이에요!" 하고 말한다. 그러면 어떤 기사님은 극구 싫다고 하기도 한다. 그래도 나는 활짝 웃으면서 "헌금이라는 것 기억하셔야 돼요!"라고 말씀드리고 내린다. 그리고 차에서 내려서는 그 기사님을 위해 기도드린다.

전도의 열매

나는 전도를 한 다음 "예수님을 믿기로 결단하십니까?"라는 질문에 금방 "네, 그렇게 하겠습니다!" 하는 사람들을 많이 만나지 못했다. 그래서 어느 날 전도 방법을 바꾸었다. 그냥 무조건 내 기도를 따라 하라고 하는 것이다. 그런 마음이 든 이유는 다음과 같다.

만약 내가 물에 빠진 사람을 건져줄 때 물속으로 자꾸 빠져 내려가는 그 사람을 보면서 "자, 내 손을 잡으시면 살 것이고 안 잡으시면 죽을 것입니다. 제 손을 잡을 것인지 안 잡을 것인지 지금 결정하시지요!"라고 말하며 그 사람이 내 손을 잡기를 기다리고 있을 수 있을까? 아닐 것 같다. 머리카락을 확 채어잡든지 머리를 한 대 때려서 정신을 없게 하여 힘이 없을 때 물에서 끌어내든지 무조건 그 사람을 물에서 끌어낼 것이라는 생각이 들었다. 그래서 나는 전도할 때도 무조건 그냥 내 기도를 따라 하라고 한다.

한번은 이런 일이 있었다. 나이로비에 한국 교포들이 살고 있는데 그중 한 집을 방문하게 되었다. 남편이 아직 예수님을 믿지 않는다며 남편 좀 전도해달라고 아내가 나에게 부탁을 했다. 남편이 그 다음 날 한국을 가게 되었는데 한국 가기 전에 꼭 전도받게 하고 싶다고 했다. 그래서 나는 그 남편에게 짧게 성경말씀을 이야기해드렸다. 그러고 나서 "내가 지금부터 기도할 테니 그냥 내 기도를 그대로 따라 해주세요! 내가 하는 말대로 믿지 않아도 그냥 따라 하세요. 알았죠?"라고 말했다. 그래서 그분은 그냥 내 기도를 그대로 따라 했다. "예수님, 내가 죄인입니다. 나의 많은 죄를 용서하여주옵소서. 저를 위해 십자가에서 돌아가신 것을 믿습니다. 이제부터는 하나님을 위해 살기를 원합니다. 예수님 이름으로 기도합니다." 그분은 예의 때문이었는지는 몰라도 그대로 따라 해주었다. 그리고 한국으로 갔다가 다시 나이로비로 돌아왔다.

그 후 그 집에서 큐티모임이 있어 가게 되었는데 그분이 한국에서 돌아와서 우리가 하는 성경공부에 참석하게 되었다. 다들 돌아가면서 기도제목을 나누는 시간이어서 그분에게도 기도제목이 있냐고 물어보았다. 그런데 그분이 "네, 있습니다. 성령 충만하도록 기도 부탁합니다!" 하는 것이 아닌가? 나는 내 귀를 의심할 정도였다. '성령 충만? 이런 기도제목은 교회 다니는 사람들이 내놓는 기도제목 아닌가? 아니, 그러면 이분이 예수님을 정말 믿게 됐나?'

그래서 내가 물어보았다. "이런 기도제목은 보통 교회 잘 다니는 사람이 내놓는 것인데 어떻게 이런 기도제목을 말할 생각이 들었죠?" 그랬더니 그분이 내가 하라는 대로 기도를 따라 한 다음 날 한국에 갔는데 갑자기 성경이 너무 읽고 싶어지더라는 것이다. 그래서 성경을 많이 읽고 다시 나이로비로 돌아왔고, 교회에도 출석하게 되었다고 한다.

또 한번은 이런 일이 있었다. 같은 가정의 이야기인데 이번에는 시어머니 이야기이다. 이 집의 시어머니는 80년째 불교를 믿는 분이었다. 그런데 어느 날 그 며느리분이 내게 전화를 했다. "목사님, 우리 어머니가 다 돌아가시게 생겼습니다. 빨리 오셔서 영접 기도 좀 시켜 주세요!"

내가 사는 곳은 그분이 사는 곳에서 차로 약 1시간이 되는 거리였지만 다급한 전화를 받고 부랴부랴 그 집으로 갔다. 갔더니 할머니가 아파서 누워 계시는데 정말 내일이라도 돌아가실 것 같은 모습이었다. 나는 할머니께 복음을 전했다. 그리고 이렇게 말했다.

"할머니, 제가 할머니 병 낫게 해달라고 기도할 수도 있지만 병 낫기 전에 더 중요한 게 있어요. 할머니가 돌아가시게 되면 천국을 가야 한다는 것입니다. 자, 제 기도를 그냥 따라 하시기 바랍니다."

할머니는 내 기도를 따라 하기 시작했다. "예수님, 내가 죄인입니다. 나를 위해 십자가에서 돌아가신 것을 믿습니다. 내 죄를 사하여주옵소서. 이제 앞으로는 주님 뜻 따라 살겠습니다." 나는 그분이 내가 하는 기도를 믿는지 안 믿는지조차 물어보지 않았다. 하여튼 그분은 내 기도를 따라 했고 나는 집으로 돌아왔다.

다음 날 전화가 왔다. "목사님, 우리 어머니 병이 나았어요!" 그 후 그 할머니는 며느리와 아들과 함께 새벽기도를 다니기 시작했다. 세월이 많이 흘렀다. 지금 그 가족은 한국으로 돌아갔는데 얼마 전 들은 소식에 의하면 그 남편이 신학교에 등록하여 주의 종이 되기 위해 준비하고 있다고 했다.

　전도를 어떻게 할 것인가? 행동도 필요하지만 말로 선포하는 것이 중요하다는 생각을 한다. 전도의 열매는 누가 맺는가? 그 열매는 주님께 맡겨드려야 한다. 전도는 힘든 것이 아니다. 주님이 다 알아서 해주시니까 우리는 그냥 하기만 하면 된다.

X for Sexual immorality

[악행과 음행은 X]

Marriage should be honored by all, and the marriage bed kept pure, for God will judge the adulterer and all the sexually immoral_Hebrews 13:4

순결한 삶, 유혹에 대처하는 법

모든 사람은 결혼을 귀히 여기고 침소를 더럽히지 않게 하라 음행하는 자들과 간음하는 자들을 하나님이 심판하시리라 _히 13:4

CTS(Christian Television System) TV에 〈임은미 선교사의 열정〉이라는 내 설교 방송이 나가자 많은 사람으로부터 TV에서 나를 보았다는 인사를 들었다. 그중 어느 목사님이 나를 보며 이렇게 말씀하셨다. "유니스 선교사, TV에서 봤지. 설교 듣고 은혜받았어요. 그런데 나는 요즘 TV에 나오는 설교자들 보면서 설교 들을 때 마음속에 세 가지를 생각해봐." "무엇을 생각하시는데요?" "첫째, 저 설교자한테 숨겨놓은 애인이 있나? 둘째, 숨겨놓은 돈이 있나? 셋째, 숨겨놓은 명예가 있나? 그 세 가지를 생각하면서 설교를 듣지." 그 말씀을 듣고 난 후 나도 자신에게 물어보게 되었다. '나는 숨겨놓은 애인이 있나? 숨겨놓은 돈이 있나? 숨겨놓은 명예가 있나?'

신학교 다닐 때 어느 교수님으로부터 들은 강의 한 부분이 생각난다. 주의 종들을 넘어지게 하는 세 가지가 있는데 '섹스, 돈, 명예'라는 것이었다. 이 세 가지 유혹으로부터 자신을 지킬 수 있으면 사역 잘하는 것이라던 말씀을 기억한다.

알파벳 A부터 Z를 가지고 그리스도인의 인생에 필요한 요소가 어떤 것이 있을지 단어들을 찾아보는 동안 사실 X로 시작하는 단어는 찾기가 쉽지 않았다. 그래서 생각해낸 것이 'X for Sexual immorality'이다. 'X'는 안 된다는 뜻으로도 쓰이니까 말이다. 순결하지 않은 삶은 그리스도인들에게 합당하지 않다는 것이다.

그런데 이것은 한두 번 들어본 말이 아닐 것이다. 성적으로 순결해야 한다는 것은 우리가 그동안 너무나 많이 들어온 진리이다. 그러나 과연 몇 퍼센트의 그리스도인들이 성적으로 순결하다고 자신 있게 말할 수 있을까? 어느 설문에 의하면 기독교인과 비기독교인이 성적 순결을 지키지 않는 비율이 비슷하다고 한다. 왜 순결을 지키는 것이 기독교인에게나 비기독교인에게나 똑같이 어려운 과제인 것일까? 성적 유혹을 이겨낼 수 있는 방법은 없을까?

물론 가장 간단한 답은 '성령 충만'일 것이다. 하지만 모든 그리스도인이 항상 성령 충만한 상태는 아니니, 평상시에 우리가 그러한 유혹 앞에서 어떻게 대처해야 할지 생각해볼 필요가 있다.

순결한 삶, 유혹에 대처하는 법

유혹을 피하라

성적 유혹을 이긴 대표적인 인물로 요셉을 들 수 있다. 보디발의 아내가 얼마나 예뻤겠는가? 남편은 항상 나랏일로 바쁘고 집에서 할 일도 별로 없었을 이 권력가의 아내는 자신을 가꾸고 치장하는 일에 온 신경을 쏟았을 것이다. 그러니 오죽 매력적인 자태를 뽐냈겠는가?

요셉도 분명 매력적인 청년이었을 것이다. 그래서 보디발의 아내가 많은 종 가운데 유독 요셉을 유혹하지 않았을까? 그런데 아리땁고 부유한 유부녀의 유혹을 받자 요셉은 도망갔다. 왜 그랬을까? 유혹을 이겨내기 힘들었기 때문일 것이다. 디모데후서 2장 22절을 보면 "너는 청년의 정욕을 피하고 주를 깨끗한 마음으로 부르는 자들과 함께 의와 믿음과 사랑과 화평을 따르라" 하는 말이 나온다. 한글성경에는 정욕을 '피하고'라는 말로 번역되어 있지만 영어성경에는 'flee'라고 나와 있다. 즉 '도망하라'는 말이다. 피한다는 것은 올 만한 것들에 대해 피하여 돌아간다는 뜻이지만 도망한다는 것은 바로 앞에 마주했을 때 달아난다는 뜻이다. 따라서 유혹이 오는 것을 미리 알고 피해 가는 것도 유혹을 이기는 하나의 방법이 되겠고, 유혹을 마주했을 때 36계 줄행랑을 놓는 것 역시 유혹을 이기는 방법이 될 것이다.

성경에서는 왜 "정욕을 대적하여 싸우라!" 하는 명령 대신 "피하라"는 말씀을 하셨을까? 대적하여 싸워서 이길 수 없다는 뜻이 내포

되어 있는 것은 아닐까? 요셉같이 영성 강한 믿음의 선배도 정욕 앞에서 도망을 선택했고, 도망을 선택하지 않고 대적했던 다윗은 '패배'를 경험했으니 성적 유혹 앞에서 모든 사람은 '겸손한 자세'가 필요할 것 같다.

내 나이 서른이 되기 전이었을까? '유혹'에 대한 어느 목사님의 설교를 들었다. 이 목사님이 수영장에 갔다고 한다. 수영장에 라인이 하나씩 있어 한 사람씩 수영할 수 있게 되어 있는데 옆 라인에 있던 여성이 목사님이 수영하는 곳으로 넘어왔다는 것이다. 목사님은 그 여성이 자기를 유혹하려고 온 것이라는 생각에 얼른 수영장에서 나왔다고 한다. 유혹을 그렇게 피했다는 말씀을 듣고 감동을 받았다.

목사님은 그 이야기 다음에 어느 남녀 집사의 불륜에 대한 이야기를 했다. 교회 집사였던 두 사람이 불륜의 관계를 가졌다 한다. 그런데 성관계 후 그들이 침대에서 하나님께 회개기도를 했다는 것이다. 설교를 듣던 사람들은 크게 웃었다. '그러려면 죄를 짓지 말지, 죄짓고 난 후에 뭐하러 기도를 해?' 라는 뜻이 내포되어 있는 웃음이었을 것이다.

그러면서 목사님은 밧세바와 다윗 왕의 간음 이야기를 했다. 다윗도 밧세바를 범할 때 그녀의 몸을 부정에서 깨끗케 하는 율법의 예를 갖춘 후에 동침했다는 것이다. 육적인 죄를 지으면서 영적인 예를 갖춘다는 것이 얼마나 모순된 것이냐는 말씀이었다.

순결한 삶, 유혹에 대처하는 법

그때 나는 육체적으로 범죄하면서도 영적인 절차를 밟는 우리 인간들이 참 가증스럽고 위선적이라는 그 목사님의 말씀에 동의는 했으나 한편으로는 마음이 아려오기도 했다. 한순간의 정욕을 이기지 못하여, 아니 피하지 못하여 육적인 죄를 범한 두 집사가 회개기도를 했는데, 만약 이들이 하나님을 사랑하지 않는 사람들이라면 그 자리에서 굳이 기도할 필요가 있었을까? 예수님을 사랑하기에 범죄한 자신들이 부끄럽고 숨고 싶고 후회되고 낙망되었으리라! 성령님을 근심케 했기 때문에 죄를 범한 뒤 마음에 우울감이 급증했었으리라!

그러나 마음으로는 원하지만 육체가 따라주지 않는 일들이 우리 믿는 사람들에게 어디 한두 가지인가? 새벽기도 가고 싶은 마음이 굴뚝 같아도 새벽에 못 일어나는 자신이 야속해진 날이 하루이틀이겠는가? 일 년에 적어도 성경 1독은 해야겠다고 작정했다가 실천하지 못해 자신의 약한 의지력을 탓하고 거듭 작정한 것이 한두 번이겠는가? 육신의 소욕과 성령의 소욕 가운데서 마음을 찢는 그리스도인들이 한둘이 아닐 것이다.

종류가 다를 뿐이지 누구나 죄를 짓고 육신의 소욕을 따라 산다. 하지만 간음한 뒤 둘이 손을 잡고 기도를 드렸다는 두 그리스도인의 뒷이야기에 같은 믿는 사람들은 비웃음을 보냈다. 그 웃음 뒤에 '눌러놓고 감춰놓은 은밀한 그들만의 죄'는 진정 없는가? "죄 없는 자가 먼저 돌로 치라" 하시는 주님의 말씀을 우리가 오늘날 듣는다면 과연 누가 돌로 그들을 칠 수 있을 것인가?

긍휼한 마음이 필요하다

나는 친정집이 미국에 있다. 친척들도 거의 다 미국에 있다. 그래서 한국에 선교대회나 집회 일정으로 나오게 되면 딱히 숙소가 없다. 그런데 용산에 있는 크리스천 게스트하우스에서는 선교사들에게 매우 저렴한 가격으로 숙박을 제공한다. 그래서 한국에 나오면 보통 그곳에 묵는다. 미용실을 가야 할 때는 당연히 그 근처의 미용실을 가게 된다. 내가 단골로 가는 미용실이 있는데, 설교가 있는 날에는 머리 손질을 하려고 미용실에 간다.

그곳에는 술집 아가씨들이 많이 와서 때로는 그들과 나란히 의자에 앉는다. 나는 설교하러 가기 위해 머리를 손질하고, 그들은 밤에 남자를 접대하려고 머리를 손질한다. 같은 여자인데 한 사람은 다른 이들을 '영원한 기쁨을 주시는 하나님'께로 인도하기 위해 겉모습을 치장하고, 한 사람은 다른 이들을 '일시적인 세상의 즐거움'으로 인도하기 위해 겉모습을 치장한다.

복음을 전파하는 '사명자의 삶'을 살면서 나는 과연 그들을 이해한다고 말할 수 있는가? 내가 간음의 유혹에 넘어가지 않는다고 해서 그들을 손가락질하고 정죄하는 것이 과연 그리스도인으로서 할 수 있는 '모범적인 태도'일까?

범죄하는 그리스도인들의 마음의 갈등과 고통을 과연 우리가 얼마만큼 이해하고 있는지 생각해봐야 할 것 같다. 누구에게나 마음으로만 생각하고 실천으로는 옮기지 않은 죄들이 있을 것이다. 물론 그것은 죄를 실제로 범한 것보다 나은 것이 사실이지만, 그로 인해 이웃을 정죄하는 손가락에 힘을 더하게 된다면 그것이 과연 자부심을 가질 만한 일이겠는가?

'순결한 삶'을 산다는 것은 단호한 다짐과 견고한 의지를 필수로 하겠지만 하나님 앞에서 겸손한 마음, 같은 죄인들 사이에서의 긍휼한 마음 역시 필요하다는 생각을 해본다.

유혹을 이기기 위한 실질적 방법

우리가 '순결한 삶'을 살아가는 데 나름대로 '실질적 도움'이 되는 말들이나 생각에는 어떠한 것이 있을까?

기도 많이 하시는 어느 사모님을 만났는데 이런 말씀을 해주셨다. 꿈에서 여자 전도사를 만났는데 그 사람이 지옥에 있었다고 한다. 그 사람의 콧구멍과 귓구멍, 눈 등에서 뱀들이 꿈틀거려 너무 흉측했다고 한다. 그래서 "어쩌다가 이런 일을 당했죠?"라고 물어보자 그 전도사가 간음한 죄로 그런 벌을 당하고 있다고 답했다는 것이다.

사모님의 이야기를 들으면서 음행을 저지르는 것에 대한 '두려움'을 갖고 있는 것은 필요하다고 생각했다. 그러나 벌에 대한 두려움이 과연 우리의 범죄를 예방하는 최선의 약이 될까? 사람은 좋은 소식으로 인해 변하지, 나쁜 소식으로 인해 변하지는 않는다는 말을 들은 적이 있다. 벌에 대한 두려움이 우리를 꼭 죄인의 길에서 해방시켜주는 것은 아닌 것 같다.

서로를 위한 '권면의 말'과 '중보기도' 역시 우리의 삶에 '실질적 도움'이 될 수 있다. 나의 둘째 고모가 이런 말을 해주셨다. "은미야, 우리 평신도들은 주님의 종들이 우리에게 자신의 약한 점을 이야기해주면 참 반갑단다. 아, 우리랑 별 다름없는 사람이구나, 하는 마음이 들어서 한편 위로의 마음을 갖게 되지. 그래도 평신도들이 목자들을 향해 갖는 '기대감'이라는 것이 있단다. 너는 그 기대감을 무너뜨리지 않는 종이 되어다오!" 그 말을 들으면서 마음 밑바닥이 짠해지는 것을 느꼈다.

그리고 막내 고모는 이렇게 말해주었다. "나는 기도 많이 못한다. 그리고 널 위해 다양하게 기도하지도 않는다. 그냥 단 한마디, 이렇게 기도한다. 주님, 우리 은미 시험에 빠지지 않게 하옵소서!"

또한 나에게는 1년 열두 달 새벽 4시경이면 어김없이 일어나서서

순결한 삶, 유혹에 대처하는 법

나를 위해 기도해주시는 어머니가 있고, 내가 새벽마다 보내는 묵상 메일인 '최고의 날'을 읽으면서 나를 위해 기도해주는 분들도 많이 있다.

그런 분들 가운데 한 사람으로, 내게는 중보기도 은사를 가진 친구가 있다. 그 친구는 남편이 주재원이어서 슬로바키아에서 몇 년간 살았는데 그 기간 중 1년이란 세월 동안 나를 생각하면서 하루에 작정하고 적어도 4시간씩 기도했다고 한다. 기도하는 동안은 퀼트를 만들었는데 퀼트 조각들을 하나하나 바느질하면서 내가 '세상적 유혹'에 빠지지 않고 하나님의 사역을 잘 감당하게 해달라고 주님께 기도를 올렸다고 한다. 그렇게 해서 나를 위해 준비한 깜짝선물이 퀸 사이즈 침대용 퀼트 커버였다. 그것은 당연히 우리집 가보 1호가 되었다.

하루에 적어도 4시간을 바느질하며 나를 위해 중보기도를 해준 그 친구를 흉내 내어 나도 다른 사람에게 선물하려고 수를 하루에 한 시간씩 놓으면서 기도해본 적이 있다. 그런데 바늘에 찔리기도 하고 손가락이 붓기도 하였다. 그래서 그 친구에게 "너는 바느질할 때 손 안 아팠니?"라고 물어보았더니 그 친구가 "왜 안 아파! 손가락이 짓무르기도 했지. 너한테 말을 안 해서 그렇지"라고 답했다. 누군가의 정성 어린 기도와 진심이 담긴 권면이 우리에게 '죄악에서 넘어지지 않게' 하는 도구가 되어준다.

또 하나의 실질적인 도구가 될 수 있는 것은 이웃에게 '음행의 유혹'이 될 만한 말과 행동을 삼가는 지혜이다. 앞에서 알파벳 L에 대해 살펴볼 때 언급했듯이, 성경에서는 음행의 힌트가 되는 말조차 하지 말라고 했다. 내가 하는 말들 중 '성적 추파'가 될 만한 말들은 어떤 것이 있을까? 그런 말들을 분별할 수 있다면 성숙한 것이다. 다른 사람에게 음란한 상상을 하게 하지는 않는지 자신이 하는 말에 대한 분별력과 민감성이 필요하다.

말뿐 아니라 옷차림도 중요하다. 요즘은 예전에 비해 노출이 심한 옷이 사회적으로 쉽게 허용되는 것 같다. 내가 30년 전 고등학교에 다닐 때는 교복 입을 때 속옷이 비치면 안 된다고 브래지어를 입은 다음에 속옷을 또 입었고, 치마 속에는 속치마 외에도 거의 무릎까지 오는 거들을 입었다. 그런데 10년쯤 지나 미국에서 고국으로 돌아왔는데 여자들의 옷차림이 얼마나 대담해졌는지 같은 여자인 나도 어디에 눈을 두어야 할지 민망스러운 옷차림을 보게 되었다.

예배에 참석할 때는 자매들이 단정한 옷을 입고 오면 좋겠다. 가슴이 깊게 파인 옷이나 속이 비치는 옷, 또는 너무 짧은 치마, 몸매가 드러나도록 붙는 옷 등은 형제들이 보면서 충동적으로 야한 생각을 하게 될 수도 있으니 옷에 대한 '성숙한 선택'이 필요하다고 생각한다. 교회에 예배드리러 왔는데 자매의 모습에서 섹시함을 느끼게 된다면 예배를 드리는 마음이 아무래도 분산되지 않겠는가? 예배시간에는 하나님께 모든 관심과 영광이 모이도록 힘써야 한다. 따라서 현란

한 옷차림으로 인해 하나님께만 집중하고자 하는 형제들의 마음을 빼앗지 않도록 '배려'가 필요하다.

"어떻게 입든 내 자유지!"라고 말하면 할 말은 없다. 하지만 성경에서도 모든 것이 가하나 모든 것이 유익한 것은 아니라고 했다. 나의 자유와 개성이 다른 사람들의 마음을 혼란스럽게 한다면 자제할 줄 아는 성숙함이 필요하다. 성적 유혹을 피해갈 수 있도록 우리가 서로 도와야겠다.

또 하나의 실질적 도움이 되는 것은 내가 읽고 크게 감명받았던 책에서 그대로 발췌해보겠다. 다음에 나오는 글은 안셀름 그륀의 《베네딕도 이야기》에 나오는 구절이다.

언제가 한 번쯤 본 여인의 모습이 눈앞에 아른거렸다. '사랑의 불길'에 마음을 태워 없애버리고 싶을 만큼, 여인의 아름다움에 대한 기억이 하나님의 종 안에서 불타올랐다. 그 여인이 그리워 미칠 것 같았다. 자기 안에 살아 있는 욕구를 의식할 때 비로소 그는 영적인 사람이 될 수 있었다.

이 장면은 한 여인에게 넋 놓아버린 베네딕도의 사랑할 능력을 보여준다. 베네딕도는 여인에 대한 그리움을 억누르지 않고 가시덤불에 제 알몸을 던짐으로써 발산했다. 그레고리오 대종의 말처럼 쾌락이 고통으로 변화되었다. 독신남이 여인을 그리워함은 '거룩한' 반창고 하나로 가릴 만한 상처가 아닌 것이다. 그는 이 상처를 견뎌야 했다. 하느님과 삶 앞에 상처를 열어 보이려면 변화되어야 한다. 상처를 열어 보일 때만 다른 사람과 함께 갈 수 있고 그들의 욕구를 통해 그들을 이해하게 될 것이다. 베네딕도는 성욕과 단절하지 않았다. 영적 여정 중에도 성욕은 명백히 표출된다. 그는 성욕을 직시하고 영성의 원천으로 변화시켰다. 그가 뒹군 그 가시덤불은 모세가 본 하느님의 불타는 떨기를 상징한다. 베네딕도가 성욕을 가장 강하게 느낄 때가 동시에 하느님을 체험할 때이기도 했다. 그에게 성욕은 영성의 원천이었다. 그레고리오는 "그는 불길을 변화시킴으로써 유혹을 이겼다"는 말로 이 장면을 맺는다. 성욕은 불과 같다. 이 불 없이는 생명력과 힘도 없고, 신적 사랑의 불길도 타오를 수 없다. 성욕의 불길을 영성으로 변화시키고, 하느님 안으로 몰입하려는 갈망으로 변화시키는 데 모든 것이 달려 있다.

'하느님 안으로 몰입하려는 갈망으로 변화시키는 데 모든 것이 달려 있다'는 것이 내가 찾고 있던 나름대로의 '성의 유혹'에 대한 가장 시원한 답이었다. 베네딕도 수도승은 '성욕'을 이야기했지만 나는 성욕뿐 아니라 인간으로서 가질 수 있는 모든 욕망을 '하느님 안으로 몰입하려는 갈망'으로 변화시키고자 결정하는 것이 얼마나 중요한지 깨닫게 되었다.

정욕을 가진 우리의 죄악 된 본성에 대해 고통스러워하며 그것을 이기고자 씨름하기보다는 그 모든 것을 자연스럽게 하나님 안으로 몰입하려는 갈망으로 변화시킬 수 있다면 얼마나 멋지겠는가!

Yes in Jesus [예수 안에서 긍정적인 삶]

For no matter how many promises God has made, they are "Yes" in Christ. And so through him the "Amen" is spoken by us to the glory of God_2 Corinthians 1:20

긍정적인 삶, 믿음을 굳게 세우라

하나님의 약속은 얼마든지 그리스도 안에서 예가 되니 그런즉 그로 말미암아 우리가 아멘 하여 하나님께 영광을 돌리게 되느니라 _고후 1:20

나는 생일이면 '오늘은 주님께 어떤 성경말씀을 생일 선물로 달라고 말씀드릴까?' 하는 생각을 한다. 그러고는 매일 한 장씩 성경을 읽고 묵상하는 습관대로 성경을 펴고 그날 마음에 가장 와 닿는 성구를 주님께 선물로 달라고 말씀드린다.

제일 기억에 남는 생일선물 성구는 "너는 여기 내 곁에 서 있으라"(신 5:31)였다. 하나님은 이스라엘 다른 백성들은 다 각기 장막으로 돌아가게 하고 모세에게는 아직도 하실 말씀이 있으니 곁에 서 있으라고 하셨다. 주님이 곁에 두고 싶은 사람, 주님이 더불어 말하기를 즐겨하시는 종이 되고 싶어서 그 말씀을 선물로 달라고 했다.

지금도 나는 그 말씀을 참 좋아한다. "유니스, 다른 사람 다 보내고 너는 좀 남아 있으렴. 조금 더 이야기하자. 나의 사랑하는 친구야!" 주님의 친구가 되는 것처럼 좋은 것이 또 있을까? 그것도 그냥 친구가 아니라 정말 친한 친구, 다른 사람은 다 가라 해도 너는 내 곁에 남아 있으라고 말하고 싶은 친밀한 친구의 자리! 그것은 내가 참으로 사모하는 자리이다.

    이번 생일에도 일찍 잠자리에서 일어나 무릎을 꿇고 나를 이 땅에 태어나게 해주신 고마운 주님께 감사기도를 드렸다. 그리고 주님이 나에게 들려주시는 음성을 공책에 적어보았다.

    주님은 이렇게 말씀하셨다. "나의 보배이자 딸, 친구, 동역자, 연인인 유니스! 생일 진심으로 축하한다. 지난 1년은 그 어느 때보다 너랑 친해지고 가까워져서 나는 정말 기쁘다. 지난 한 해 부지런하고 성실하고 담대하게 잘 살아주어 고맙다. 내가 너를 얼마만큼 좋아하는지 알지? 난 너를 정말 좋아한단다. 사랑하는 것은 물론이고 말이지. 너는 내 마음을 시원하게 해주잖니. 가끔 불안하게 하기도 한다만 너도 노하우가 많이 있어서 깊이 걱정하게 하지는 않으니 고맙다. 네 마음대로 하고 싶은 일이 있어도 나를 위해 참은 것, 네 마음대로 하고 싶은 말이 있어도 나를 사랑하는 마음으로 가려서 말한 것 내가 다 알지. 수고 많았다. 네가 죄짓지 않으려고 애쓰던 시간들 내가 그냥 관망하지만은 않은 것 알지? 악한 일을 피해가려 했던 너의 인간적인 서글픔도 모두 이해한다. 그리고 그러한 노력들에 참으로 고맙단다.

오늘 마음껏 즐기렴! 내가 충만한 기쁨을 줄 것이다! 너에게 놀랍고 좋은 소식들이 연달아 들려올 거야! 내가 너를 깜짝 놀라도록 기쁘게 해줄 거란다. 새로운 기름부음을 선물로 줄게. 더 밝은 마음, 더 긍정적인 생각, 모두 다 너에게 줄게. 그리고 무엇보다 네가 케냐 방송에 어마어마한 센세이션을 불러일으키게 될 거야. 너 예전에 '2010년 케냐 방송 진출'이라고 수첩에 써뒀잖니! 드디어 2010년이 되었으니 케냐 방송에 진출하게 될 거다. 네가 출연하는 토크쇼의 선풍이 케냐에 몰아칠 거다. 준비하렴!"

2009년에 출간한 《하나님이 찾으시는 한 사람 그대입니까?》라는 책에서, 내가 하나님 앞에서 이루어지기 원하는 꿈들을 연도별로 적어두었다고 했다. 그 당시에는 아직 과거가 된 일이 아니라 2010년도의 꿈은 밝히지 않았었는데 내 수첩에는 적어두었다. 그리고 2010년, 올해 나는 케냐 국영방송에 출연하게 된다.

조선시대에 김규보라고 하는 사람이 있었다. 그는 과거시험을 보기만 하면 낙방을 했다. 그래도 포기하지 않고 매일같이 하늘의 옥황상제가 자기에게 친히 말씀하신다고 생각하며 스스로에게 말을 했다고 한다. "너는 충성된 신하야! 장원급제할 수 있어! 내가 너를 도와줄 거야!" 그리고 결국 그는 장원급제를 하여 왕의 충성된 신하로 살다가 죽었다.

하나님이 누군지 모르는 사람들도 자기 스스로에게 긍정적인 고백을 하면 그들의 삶에 열매를 맺는 것이다. 나는 하나님의 음성을 듣고 그것을 공책에 옮겨 적는다. 하나님이 살아 계시지 않는다면 아마 이런 일들은 김규보가 했던 일과 비슷할 것이다. 그러나 나는 살아 계신 하나님을 믿는다. 하나님은 나에게 복된 음성을 매일 들려주신다.

하나님의 때

얼마 전 새벽기도를 가면서 예전에 주님으로부터 받은 말씀을 적어둔 공책을 갖고 나갔다. 최근에 쓰던 공책을 어디에 두었는지 금방 찾지 못해서 그 공책을 갖고 나간 것이다. 그러다가 우연히 앞에 적힌 글들을 다시 읽게 되었다. 2년 전 쓴 공책이었는데 거기에 내가 TV 프로그램을 맡게 될 것이라는 주님의 말씀이 있었다. 그 글을 받아 적을 때는 속으로 '주님, 참 뜬금없는 말씀이시군요. 그런 일이 쉽지는 않을 텐데요. 제가 어떻게 할 수 있다는 거죠? 이거 말이 영 안 되지만 일단 적어는 놓겠습니다'라고 말했다.

그런데 이번에 KBC라는 케냐 국영방송에서 새롭게 기독방송 채널을 만든다고 한다. 이름은 '샬롬 방송'인데 KBC 방송국에서 내 남편 빌 목사에게 그 채널의 모든 진행을 맡긴 것이다. 그래서 나는 〈Talk to Eunice〉라는 토크쇼 외에 매일 10분씩 나가는 〈매일의 양식〉이라는 설교 프로그램을 맡게 되었다. 원래 TV 채널 하나 맡으려면 돈도 많이 주어야 하는 것으로 알고 있다. 그러나 KBC 측에서는 우리 부부에게 아무 돈도 받지 않고 모든 프로그램을 맡긴 것이다. 이러니 하나님 안에서 모든 것이 'Yes'라는 고백을 할 수밖에 없다.

토크쇼를 하라고 말씀하셨던 성령님의 음성을 글로 적고 난 후 이 시간까지 그야말로 방송에 문외한이던 내가 방송인으로서 사역을 시작하게 되었다. CTS TV에서 〈임은미 선교사의 열정〉이라는 설교 방송도 하게 되었고 짧은 시간이었지만 〈하나님을 미소짓게 하는 사람들〉이라는 프로그램에서 김병삼 목사님과 공동 MC를 하기도 했다. 하나님은 진실로 그분이 하시는 말씀을 지키시는 분이라고 나는 믿는다.

때로는 주님이 하신 말씀이 더디게 이루어진다는 생각이 들 수도 있으나 주님은 그분의 시간을 그 누구보다 잘 알고 계신 분이다. 주님의 일을 하면서 나는 때로 조바심을 느낄 때가 있다. 그럴 때는 주님의 음성을 듣는다. 그러면 주님이 잔잔하게 말씀하신다.

"유니스, 조바심내지 마라. 모든 것은 내 시간 안에서 움직이고 있는 것이란다. 너는 내가 하라는 것만 하고 있으면 된다. 너는 계속해서 나를 배워가고 있는 것이다. 네가 예전에는 나를 긍휼의 하나님, 자비의 하나님, 용서의 하나님으로 만났지만 이제는 '능력의 하나님'으로 만나게 되리라."

이렇듯 마음에 조바심이나 의심, 두려움이 생길 때마다 주님은 항상 그러한 시기에 딱 맞는 말씀으로 나를 만나주셨다.

능력의 하나님

내가 사는 곳은 주변이 온통 차밭인데 나는 보통 그 차밭을 거닐면서 '기도 산책'을 한다. 그 시간에 주님과 나는 많은 이야기를 한다. 내가 말을 많이 할 때도 있지만 때로는 주님이 나에게 잠잠하라고 하시며 주님께서 해주고 싶으신 이야기를 하시기도 한다.

한번은 주님께서 이런 이야기를 해주셨다. "유니스, 내가 너를 세상에 크게 알려주기를 원하니? 그 일은 참 쉬운 일이란다. 내가 능력을 주면 되지. 죽은 자를 일으켜 세우게도 하고 병든 자를 고치게도 하면 많은 곳에서 너를 부를 거야! 설교와 집회를 부탁하며 이곳저곳에서 너를 부르게 되겠지. 너에게 능력을 주는 것은 아주 짧은 시간에 할 수 있는 일이란다. 내가 그냥 주기만 하면 되거든. 내가 원하는 사람에게 은사를 주면 되는 거야. 그러면 그 사람은 내가 준 은사를 이 땅에서 사용하면 되지. 그렇게 삽시간에 될 수 있는 일을 너무 간절히 사모하지 마라. 대신 오래 걸리더라도 정말 중요한 것에 대해 생각해야 한다. 그것은 '성령의 열매'란다. 은사는 하루아침에 일어날 수도 있지만 열매는 그렇지 않단다. 시간이 걸리지. 나는 네가 성령의 열매를 많이 맺는 사람이 되기를 원한다. 내가 높이 사용해준다 해도 성령의 열매가 없는 사람은 교만으로 인해 망하게 되어 있지. 그 사람이 받은 은사가 그 사람을 자멸하게 만들어버릴 수 있다는 것이야. 그러니 너는 내가 높이 사용한다 해도 절대로 교만해지지 않게 성령의 열매를 많이 맺는 사람이 되도록 노력해야 한단다. 알겠니?"

그 말씀을 들은 후 얼마 안 되어서 나는 분당에 있는 만나교회에서 고난주간 집회 설교를 하게 되었다. 설교하러 가는 첫날, 주님이 나에게 이런 말씀을 해주셨다. "유니스, 오늘 설교 마치고 치유기도를 하렴. 누가 나올지 내가 그들의 병명을 줄 테니까 한번 적어봐라. 그리고 설교 후에 그 병명을 이야기하렴."

참 의아하게 느껴졌지만 예전에도 뜬금없다고 느껴지는 주님의 목소리를 들은 적이 있으므로 공책과 펜을 꺼냈다. 그리고 내 마음에 떠오르는 병명을 주님이 주시는 병 낫는 사람들의 목록이라고 믿고 그대로 적었다. 아마 20가지는 족히 넘었던 것으로 기억한다. 그 목록을 받은 후 만나교회에 전화를 걸었다.

예배 담당 목사님께 설교 마친 후 신유기도를 해도 되는지 물어보았다. 그랬더니 이번 집회는 고난주간 특별집회이므로 너무 큰 소리로 기도하기보다는 조용하게 묵상기도를 하기 원한다고 하셨다. 그래서 나는 아침에 주님으로부터 신유기도를 하라는 말씀을 들었는데 나로서는 순종하는 것이 좋기 때문에 신유기도를 해야 할 것 같으니, 소란스럽게 기도하지 않고 조용하게 그냥 누가 낫겠다는 말만 할 수 있으면 좋겠다고 말씀드렸다. 모든 일에는 덕이 있어야 한다고 믿는다. 만약 교회의 예배 인도 방향이 요란한 기도가 아니라 한다면 주님께서 또 선한 방향으로 인도하실 것이라고 믿으며 말씀드린 것이었다.

그리고 설교 후 나는 아침에 주님으로부터 이런 말씀을 들어서 그냥 순종하겠다고 하며 그날 병 나을 사람들의 목록을 받았다고 말씀드렸다. 그러고 나서 이렇게 말했다. "여러분, 저는 여러분 가운데 정말 이 병에 걸렸다가 나은 사람 있냐고 물어보지 않을 겁니다! 만약 아무도 안 나으면 어떻게 하겠습니까?" 그 말에 성도들도 웃고 말하는 나도 웃었다. 그리고 나는 정말 아무에게도 물어보지 않았다.

둘째 날이 되었다. 새벽 묵상을 마칠 즈음 주님이 또 말씀하셨다. 오늘 집회에서도 치유될 사람들의 병명을 줄 테니 그대로 말하면 된다고 하셨다. 그래서 또 공책과 펜을 꺼내 적었다. 그런데 둘째 날 주신 리스트에는 안대를 한 사람이 있을 것이라고 했다. 그러면서 내 눈앞에 안대를 한 사람이 마치 영화처럼 보이는 것이었다. 그래도 나는 병명들을 적으면서 속으로 "주님, 그런데 오늘 안대 한 사람이 교회에 안 오면 어쩌죠?' 하는 걱정을 했다. 그러고는 교회를 갔다.

설교를 시작한 지 10분쯤 지났을까? 강대상 바로 정면 중간 자리

즈음에 어떤 사람이 안대를 하고 앉아서 예배를 드리고 있는 게 아닌가! 참 신기했다. 그래서 나는 설교하다 말고 "어머! 오늘 치유될 사람 목록에 안대 한 사람이 있을 거라고 적혀 있었는데 지금 그분이 제 눈에 보이네요! 원래는 설교 마치고 말해야 하는데 너무 신기해서 지금 말합니다!"

주님은 집회하는 5일 내내 나에게 병이 치유될 사람들의 목록을 주셨고, 마지막 집회 날이 되었다. 설교를 시작한 지 5분쯤 되었을 때 담임목사이신 김병삼 목사님이 헌금봉투들을 손에 들고 강대상으로 오셨다. 그러면서 "여러분, 제가 보통 집회 마치고 난 다음에 집회 때 있었던 일들을 간증하는데 이번에는 집회를 마치기 전에 간증하기 원합니다"라고 말씀하셨다.

그러고 나서 목사님은 들고 나오신 감사헌금 봉투의 내역을 읽으셨다. 모두 병 치유에 대한 감사헌금이었다. 사실 나도 놀랐다. '어, 그냥 병 낫겠다고 말만 했는데 정말 병이 나았네! 사람들이 소란하게 통성기도를 한 것도 아니고 그냥 어떤 병이 낫겠다고 말만 했는데. 이런 일도 일어날 수 있구나!'

그 후 군부대인 사자교회라는 곳에서 주일예배 설교를 하게 되었다. 주님이 그곳에서도 치유기도를 하라고 하셨다. 그리고 이번에도 치유될 병명들을 알려주시겠다고 했는데 그중에 어깨 밑 겨드랑이에 까만 짐이 있는 사람이 있을 거라고 했다. 나는 그 말씀을 받아 적으면서 마음속으로 '주님, 참 특이한 사항이네요. 그런데 그 교회에 그런 사람이 정말 있을까요?'라고 질문했다.

설교를 마친 후 내가 아침에 받은 그 병명들을 말하였다. 설교를 마치자마자 어느 남자 분이 자신의 딸을 데리고 나에게 왔다. 그러고는 아이의 손을 높이 들게 하여 겨드랑이 밑의 까만 점을 보여주었다. 참 신기하지 않은가?

나는 주님이 그런 방법으로 사람을 치유하시는 것을 보고 '병 치유' 자체를 우상시하면 안 된다는 것을 깨달았다. 하나님께서 우리에게 그런 체험을 하게 하시는 것은 그 체험을 통하여 하나님을 만나고 그분에 대해 알라는 것이다. 하나님이 참으로 무한한 능력을 가지고 계신 분이라는 것을 깨달으라는 뜻이다.

'능력의 하나님'을 만나려면 말씀을 그대로 믿는 믿음, 어느 한 말씀도 땅에 떨어지지 않고 그대로 내 삶에 임할 수 있다는 믿음이 필요하다. 하나님이 나를 사용하시겠다고 약속하신 그 말씀들이 그대로 내 삶에 이루어질 것을 100퍼센트 믿어야 하는 것이다. 성경에 주신 말씀들은 당연히 다 믿어야 하고, 주님이 개인적으로 주신 말씀들 역시 믿어야 한다. 그러나 개인적으로 하나님이 주신 말씀이라 여겨지는 말씀들은 내가 잘못 들을 수 있다는 가능성에 마음을 열어둘 필요는 있다.

이러한 믿음이 자라려면 기도해야 한다. 그런데 하나님께 쓰임받는 종이 되기 위해서는 그분이 기뻐하시는 믿음을 굳건하게 갖는 것도 중요하지만, 무엇보다도 하나님이 말씀하신 것은 지키시는 분임을 아는 경험이 더 중요하다. 당신이 믿음을 통한 하나님의 역사하심의 현장에 그분의 동역자로서, 그리고 더 나아가 능력의 하나님의 친밀한 친구로서의 경험을 풍성히 할 수 있기를 간구한다.

Zest in life
[삶의 향기]

For we are to God the aroma of Christ among those who are being saved and those who are perishing_2 Corinthians 2:15

삶의 향기, 그리스도의 향기를 전하자

우리는 구원받는 자들에게나 망하는 자들에게나 하나님 앞에서 그리스도의 향기니 _고후 2:15

나에게는 '영향력'에 대해 도전을 받은 커다란 계기가 두 가지 있다. 기독상담학으로 목회학 박사학위(D.min)를 받는 졸업식 날이었다. 권면의 순서를 맡은 목사님이 단에 올라오셨다. 키가 작은 흑인 할아버지 목사님이었다. 그분은 올라오셔서 한동안 아무런 말씀이 없으셨다. 장내는 물을 끼얹은 듯 조용해졌다.

한참을 침묵하시던 그분의 첫마디는 "Jesus loves you(예수님이 당신을 사랑하십니다)!"였다. 그 단순하면서도 우리가 듣고 또 듣고 너무나 자주 들어왔던 한마디 말에 그곳에 있던 모든 사람이 성령님의 '어루만지심'을 느꼈다.

나는 그때 그분을 보면서 '저분은 평소에 어떤 삶을 살아오셨을까?' 하고 궁금해졌다. 그리고 내가 하는 몇 마디의 말로 듣는 이들이 하나님의 '임재하심'을 느낄 수 있으려면 앞으로 과연 어떻게 살아야 할지 고민하게 되었다.

다른 한 번의 계기는 남아프리카 공화국에 갔을 때였다. 남아프리카 공화국의 대통령이었던 만델라가 있었던 감방을 가게 되었다. 우리 일행을 가이드해준 사람은 만델라와 함께 감옥에 있었던 룸메이트였다. 그 가이드가 해준 말 가운데 무척이나 인상적인 말이 있었다. 그 사람의 말에 의하면 만델라는 참 '신기한' 사람이었다고 한다. 왜냐하면 만델라가 어느 장소에 왔다 가면 거기에 만델라가 왔던 것을 보지 못했던 사람도 "여기 만델라 왔다 갔지?"라고 말한다는 것이었다. 만델라가 있었던 자리에는 사람들이 알 수 있는 그만의 강한 느낌이 있었다는 것이다.

어떤 사람이 다녀간 자리를 알 수 있다는 것은 그 사람이 남기고 간 그의 향기가 있다는 것이다. 대체 어떻게 살았기에 그냥 있다가 가기만 해도 그 사람의 향기가 남는단 말인가?

그리스도인으로서 내가 지나간 자리에는 어떤 향기가 남아 있어야 할까? 그리스도의 향기는 곧 사랑의 향기일 것이다. 그렇다면 내가 있는 곳, 그리고 내가 지나간 자리에는 항상 '사랑의 향기'가 있어야 한다.

그리스도의 향기를 전하는 사람

헨리 나우웬의 《춤추시는 하나님》이라는 책을 보면 '사람'이란 단어의 원어에 대한 설명이 나온다. 사람을 영어로 'person'이라 한다. Per-son에서 per는 '통과하다'라는 뜻이다. son은 sonare로, '소리 같은'이라고 이해할 수 있다. 즉, 소리 같은 무언가를 거쳐 통과하는 것이 사람인데 이때 통과되는 소리는 '잡을 수도 없고 이해할 수도 없는 공중에 있는 어마어마한 어떠한 힘'이라는 것이다. 그러니까 이러한 힘이 '통과'되는 것이 '사람'이라는 것이다.

여기서 son을 대문자로 나타내면 'SON'이라고 해서 예수 그리스도를 나타내는 영어단어가 된다. 그러니 '잡을 수도 없고 이해할 수도 없는 공중에 있는 어마어마한 어떠한 힘'을 예수 그리스도로 이해할 수 있다는 것이다. 그러면 사람이란 곧 예수님이 통과하여 만들어진다는 이야기가 된다.

다시 말해 우리 삶을 통하여 이웃에게 '예수님의 사랑'을 통과시키지 못한다면 우리는 '사람'의 역할을 제대로 못하고 있다는 뜻이다. 내가 인간이라면 나를 통하여 예수님의 사랑이 통과되어야만 한다는 것이다. 우리의 삶 가운데 우리를 '사람'처럼 여기지 않는 이웃이 있다면 그 사람은 나를 통과하는 하나님의 사랑을 경험하지 못했다는 이야기가 된다.

이웃 사랑에 대한 도전적인 이야기가 아닐 수 없다. 나를 사랑하기 힘들어하는 사람이 있을 때는 나를 통하여 흘러나간 '예수님의 사랑'이 있는지 자문해봐야 할 것이다. 그러한 마음으로 사람들을 대하면 '겸손한 마음'이 저절로 생길 수밖에 없다.

다른 사람들이 그냥 내 삶을 스쳐 지나가기만 해도 예수님의 향기를 느낄 수 있게 하려면, 평소에 어떤 삶을 살아야 할까?

내가 있다가 떠난 그 자리에 주님의 영광이 가득하고, 주님의 이야기가 가득하고, 주님에 대한 기쁜 나눔이 가득하고, 사람들의 얼굴이 밝아지며, 서로 사랑하는 마음으로 가득 찰 수 있다면 정말 좋겠다는 생각을 해본다.

다른 사람의 삶을 풍성하게 해주는 사람

몇 년 전 꾼 꿈 이야기이다. 옥색 바다에 우뚝 솟은 바위가 있었고 나는 그 바위에 서 있었다. 내 옆에 한 남자가 와서 섰는데 나는 그 사람이 천사라는 생각을 했다. 그가 내게 말했다. "너는 지금까지 일을 잘해온 종이다. 그런데 이번 일은 네 생명을 필요로 한단다." 나는 그 말을 듣고 "어! 저 죽는다는 말 안 하고 왔는데요"라고 답했다. 그러고는 잠에서 깨어났다.

그 꿈을 꾸고 나서 '혹시 내가 이 해에 죽는가?' 하는 생각을 했었다. 그래서 그해 나는 사역을 참 열심히 했다. 정말 하나님이 나를 천국으로 부르실지도 모를 일이니까. 한편 '사랑하는 딸과 남편을 두고 내가 먼저 죽나?' 하는 생각을 하니 갑자기 눈물이 핑 돌기도 했다.

곧 죽을 수 있다고 생각하니 모든 것에 더욱 감사하게 됐다. 앞으로 혹시라도 못 보게 될 딸 때문에 슬프기보다는 지금까지 사랑하는 딸을 나에게 맡겨주셔서 자식 키우는 행복을 누리게 해주셨음에 감사했고, 남편 만나 지금까지 행복하게 잘살게 해주신 것에도 감사했다. 하루하루가 얼마나 복되고 소중하게 느껴지던지 남은 날들을 더 열심히 살아야겠다고 생각했다.

얼마 있지 않아 천국에 갈지도 모른다고 생각하니 내게 있는 귀중품들도 필요가 없어졌다. 그런 것들을 내가 죽고 난 다음에 다른 사람들에게 나눠줄 것이 아니라 내가 살아 있을 때 얼른 나눠주고 "감사하다"는 말을 듣는 게 낫겠다는 생각도 들었다. 그래서 내게 있던 귀중품들과 옷들을 많이 나눠주었다.

사도 바울은 〈빌립보서〉에서 이런 말을 했다.

이는 내게 사는 것이 그리스도니 죽는 것도 유익함이라 그러나 만일 육신으로 사는 이것이 내 일의 열매일진대 무엇을 택해야 할는지 나는 알지 못하노라 내가 그 둘 사이에 끼었으니 차라리 세상을 떠나서 그리스도와 함께 있는 것이 훨씬 더 좋은 일이라 그렇게 하고 싶으나 내가 육신으로 있는 것이 너희를 위하여 더 유익하리라 내가 살 것과 너희 믿음의 진보와 기쁨을 위하여 너희 무리와 함께 거할 이것을 확실히 아노니 내가 다시 너희와 같이 있음으로 그리스도 예수 안에서 너희 자랑이 나로 말미암아 풍성하게 하려 함이라(빌 1:21~26).

이 말씀에서 '그리스도와 함께 있을 욕망'이라 함은 죽는 것을 말한다. 바울이 죽는 것이 더 낫다는 이야기를 한 것이다. 그리스도와 함께 천국에 가 있는 것이 낫지만 이 땅에 남아 있는 이유는, 남아서 가르쳐야 하는 성경말씀이 있고, 돌봐주어야 할 양들이 있고, 예수님의 이름으로 낫게 해주어야 할 병자들이 있었기 때문이다. 바울이 함께 있으면 주위 사람들의 믿음이 성숙해진다는 것이다.

한마디로 이 땅에서 살아 있는 것이 다른 사람들에게 유익이 될 것이기에 살아 있기로 결정한다는 것이다. 참으로 아름답고 당차고 자신감 있는 고백이다.

나도 평생 이런 고백을 하면서 살고 싶다. 나 하나만 위한다면 차라리 하늘에 가는 것이 낫지만 내가 이 땅에 존재함으로 말미암아 함께 믿는 이들의 믿음이 성숙해지고 이웃들이 나로 인하여 주님께 더욱 풍성한 감사의 제사를 드릴 수 있게 하는 삶을 살고 싶다.

사람은 누구나 죽는다. 그것은 정해진 이치다. 그런데 이 땅에서의 마지막 숨조차 주님을 위해 내쉬다가 죽는다면 그것처럼 행복한 일이 또 있을까? '그리스도의 향기'로 살다가 죽는 순간까지도 그리스도를 위해 마지막 숨을 드릴 수 있는 삶, 참으로 사모하며 기도하게 되는 삶이다. 이런 삶을 살 수 있도록 항상 선하신 하나님이 나와 당신에게 동일한 은혜를 베풀어주시기를 기도드린다.

선교사님, 이것이 궁금합니다!

임은미 선교사와 함께하는 신앙 상담 5

"선하신 하나님께서 왜 육체의 가시를 주실까요?"

Q. 바울처럼 훌륭한 믿음의 사람에게 하나님께서 '육체의 가시'를 허락하신 이유가 뭘까요? 내 삶에도 그런 불편함이 찾아올까요?

A. 누구든지 자기를 높이는 자는 낮아지고 누구든지 자기를 낮추는 자는 높아지리라 (마 23:12).

하나님이 싫어하시는 사람은 자기를 높이는 교만한 사람이다. 하나님이 좋아하시는 사람은 당연히 자기를 낮추는 겸손한 사람이다. 그런데 만약 높일 만한 것도 없는 사람이 자신을 높인다면 얼마나 우스꽝스럽겠는가? 모든 사람이 인정할 만큼 대단하게 드러낼 것이 있는 사람이라도 자신을 높이면 주님이 싫어하신다는데 높일 것도 없는 주제에 자신을 높인다면 하나님도 사람도 하나같이 싫어할 것이다.

하나님께서는 우리가 스스로를 높이는 것을 싫어하

시기에 우리가 낮아질 수 있는 환경을 설정해주실 때가 있다.

바울은 자신에게 있는 질병 한 가지를 '육체의 가시'라고 표현하며, 자고해지지 말라고 주님이 허락하신 것이라고 말했다. 그것을 '안질'이라고 하는 신학자도 있고 '간질병'이라고 하는 신학자도 있다. 우리는 바울이 말하는 '육체의 가시'가 뚜렷이 무엇인지는 알 수 없다. 그러나 한 가지 분명한 것은 이 '육체의 가시'로 인하여 바울이 스스로를 높이 여길 수 없었다는 것이다.

이것을 한번 '죄의 유혹'과 연관하여 생각해본 적이 있다. 마귀는 우리의 '약한 점'을 끊임없이 집중적으로 공격한다. 그것이 재정이든 관계든 명예든 중독성이 있는 습관이든, 우리는 반복적으로 받게 되는 그 '죄의 유혹'에서 살아남기 위해 투쟁한다. 성숙한 그리스도인이라면 반복적으로 받게 되는 이러한 죄의 유혹 앞에서 겸손을 배울 수 있을 것이다. 인간적인 마음과 생각으로는 그러한 유혹에 질 수밖에 없지만 주님의 말씀의 힘으로는 승리할 수 있다.

나는 성경 속 인물 중 바울을 참 좋아한다. 뭇 사람들이 보기에는 '질릴 정도'로 절제하며 철저하게 '자기 훈련'을 거듭하는 그가 나는 좋다. 사람들이 나를 보며 '저렇게 완벽하다니!' 하며 질린다고 말할지라도 바울처럼 살 수 있으면 정말 좋겠다. 베드로처럼 약한 모습을 보이며 인간미 철철 넘치는 리더들을 보면서 나 자신의 약함에 대한 동병상련을 느끼고 위로를 받기도 하지만 가능하다면 바울처럼 살고 싶다. 그러나 아쉽게도 나의 성향은 지극히 베드로 같다는 것을 알고 있다.

하지만 개인의 타고난 성향과 상관없이 중요한 것은 우리 삶에서 부딪히게 되는 모든 상황과 그때 느끼게 되는 감정들을 '어떻게 하면 하나님께 더 겸손하게 나아가게 하는 도구가 되게 할까?' 하고 고민하는 것이라고 생각한다. 이것이 건강한 그리스도인의 태도일 것이다.

하나님은 우리가 스스로를 낮추지 못하니 겸손해질 수밖에 없도록 '육체의 가시'를 만들어주셨다. 주님 앞에 더 낮은 마음으로 나아가게 만드는 모든 것에 감사하다. 그리고 오늘도 주님을 닮아가는 노력을 포기하지 않게 하시고 나를 도와주시는 하나님께 감사드린다.